Translation in english:
Ian Monk.

Übersetzung ins deutsche:
Valérie Donnat.

Crédits photographiques : © ADAGP, Paris : p. 17, 21, 27,
29, 33, 35, 39, 41, 49, 53, 55, 59, 71, 75, 77, 91, 93, 105,
155, 159, 161, 167, 171 et 177.

© 2000, Bibliothèque de l'Image
   46 bis, passage Jouffroy - 75009 Paris
   Tél : 01 48 24 54 14 - Fax : 01 45 23 08 83

Edition in english: ISBN 2-914239-17-3
Deutsche ausgabe: ISBN 2-914239-18-1
Édition en français: ISBN 2-909808-54-8

Parisian Fashion

Pariser Mode

La Mode Parisienne

La Gazette du Bon Ton

1912-1925

Alain Weill

Bibliothèque de l'Image

PREFACE

VORWORT

PRÉFACE

When the last lights of the 1900 Universal Exposition were extinguished, few could have realized that a whole era was also coming to an end. *Art Nouveau* had drowned among its volutes, while its anaemic, long-haired women were losing their ability to charm… Soon, as Paul Morand cruelly pointed out, this *belle époque* was no more than "a submerged continent with only the crowns of its top-hats still remaining visible".

But the new generation was already there, waiting in the wings, and it was the gaudy fanfare of the Russian Ballet which was to bring it out onto centre-stage. Its uncontested leader, its godfather, was Paul Poiret, 'the pasha of Paris'. This great couturier was insatiably curious, fascinated by the high-life and party-going, an art lover, a friend of artists and a relentless discoverer of new talent.

So it was that, at the end of 1910, he agreed to meet a young painter, Georges Lepape. Fascinated by the freshness of his drawings and ideas (they include the earliest version of the divided skirt, or

Als in Paris die letzten Lichter der Weltausstellung von 1900 erloschen, ging unmerklich eine ganze Epoche zu Ende. Die Faszination für den Stil des Art nouveau, seine Arabesken und bleichsüchtigen Damen mit wallendem Haar, hatte deutlich nachgelassen… Wie Paul Morand bissig anmerkte, glich jene Belle Époque bald nur mehr einem „untergegangenen Kontinent, von dem nur noch einige Zylinderhüte zu sehen sind."

Doch die Ablösung stand schon bereit und wartete nur darauf, ihre Deckung aufzugeben; die bunten Fanfaren des Russischen Balletts scheuchten sie schließlich aus dem Unterholz. Ihr unangefochtener Wortführer und Pate war Paul Poiret, der „Pascha von Paris", der große, an allem interessierte Modeschöpfer, der Überfluß und rauschende Feste liebte, der Kunstliebhaber und Künstlerfreund, der unermüdlich nach neuen Talenten Ausschau hielt.

Ende 1910 willigte er in ein Treffen mit einem jungen Maler namens Georges Lepape ein. Poiret war von der Frische seines Stils und seiner Ideen sehr angetan, zu denen zum Beispiel die ersten Skizzen des Hosenrocks

Quand s'éteignent les derniers feux de l'Exposition universelle de 1900, c'est toute une époque qui, sans le savoir, est révolue. L'Art nouveau s'est essoufflé dans ses volutes et les femmes chlorotiques aux longs cheveux font de moins en moins rêver… Comme le note cruellement Paul Morand, cette « belle époque » n'est bientôt « qu'un continent effondré d'où n'émergent plus que des chapeaux haut de forme ».

La relève est déjà là, en embuscade : la fanfare bariolée des Ballets russes la fera sortir du bois. Son chef incontesté, son parrain, est Paul Poiret « le pacha de Paris », grand couturier curieux de tout, amoureux du faste et de la fête, amateur d'art, ami des artistes et inlassable découvreur de jeunes talents.

C'est ainsi qu'à la fin de l'année 1910 il accepte de rencontrer un jeune peintre, Georges Lepape. Séduit par la fraîcheur de son dessin et de ses idées (il y a là la première ébauche de la jupe-culotte), Poiret lui ouvre les portes de sa maison et lui passe commande de l'album qui, à sa sortie le

'culotte'), Poiret opened the doors of his fashion house to him and commissioned the album which, on publication on 15 February 1911, was to be entitled '*Les choses de Paul Poiret vues par Lepape*'. It contains the germs of the future success of *La Gazette du Bon Ton*: the graceful coloured figures, with stencils taken from pencil sketches, its daring page layouts – to sum up, a new 'tone' which boasted a palette that was not afraid of using the colours made popular by the *Fauves* and a fascination for things Oriental.

Paris may be a large city, but the circles behind new fashions are always restricted ones: a handful of artists who come together thanks to the subtle play of social relations. So it was with the birth of *La Gazette du Bon Ton*. On 1 March 1911, in the gallery which Paul Poiret had opened next to his town-house, Georges Lepape exhibited the original plates contained in the album, alongside work by his friends Pierre Brissaud and Bernard Boutet de Monvel. At the preview, he was introduced to Lucien Vogel, who had studied at the *Ecole Alsacienne* with Pierre Brissaud and André Marty. Lucien Vogel had just married Cosette de Brunhoff, the daughter of the chief editor of

zählten. Er öffnete ihm die Türen seines Modehauses und gab bei ihm ein Skizzenbuch in Auftrag, das, als es am 15. März 1911 erschien, den Titel *Les choses de Paul Poiret vues par Lepape* trug. Darin fand man bereits das, was später den Erfolg der *Gazette du Bon Ton* ausmachen sollte – dieselben grazilen, schablonenkolorierten Figuren, dasselbe gewagte Layout, kurz, einen neuen Ton mit einer Farbpalette, die auch die Farben des Orients oder der in Mode gekommenen „Fauves" nicht fürchtete.

Paris mag noch so groß sein, die tonangebenden Kreise sind stets überschaubar und bestehen aus einer Handvoll Künstler, die sich gegenseitig durch ein geschicktes Spiel mit gesellschaftlichen Vernetzungen den Ball zuspielen. So war es auch, als die *Gazette du Bon Ton* ins Leben gerufen wurde. Am 1. März 1911 stellte Georges Lepape in der Galerie, die Paul Poiret gleich neben seinem herrschaftlichen Stadthaus eröffnet hatte, seine Originale sowie Zeichnungen seiner Freunde Pierre Brissaud und Bernard Boutet de Monvel aus. Während der Vernissage wurde George Lepape Lucien Vogel vorgestellt, der mit Pierre Brissaud und André Marty die École Alsacienne besucht hat. Seit kurzer Zeit war er mit Cosette de Brunhoff verheiratet, einer Tochter

15 février 1911, aura pour titre «Les choses de Paul Poiret vues par Lepape». On y trouve ce qui fera le succès de la formule de *La Gazette du Bon Ton* : ces gracieuses figures coloriées au pochoir à partir d'un dessin au trait, ces hardiesses de mise en pages – bref un «ton» nouveau avec une palette qui ne craint pas les couleurs que les Fauves et le goût de l'Orient ont installées.

Si Paris est une grande ville, les cercles qui lancent les modes sont toujours restreints : une poignée d'artistes qui se cooptent par un subtil jeu de relations sociales. Il en sera ainsi pour la naissance de *La Gazette du Bon Ton*. Le 1er mars 1911, Georges Lepape expose, dans la galerie qu'a ouverte Paul Poiret à côté de son hôtel, les planches originales de l'album en compagnie de ses amis Pierre Brissaud et Bernard Boutet de Monvel. Il est présenté lors du vernissage à Lucien Vogel qui avait fait ses études à l'Ecole alsacienne avec Pierre Brissaud et André Marty. Lucien Vogel venait d'épouser Cosette de Brunhoff, fille du directeur de *Comœdia Illustré* (et sœur de Michel, autre ancien élève de l'Ecole alsacienne) et avait commencé à travailler avec lui à la réalisation des catalogues des Ballets russes… On se retrouvait donc entre gens du même monde.

Comœdia Illustré (and sister of Michel, another former student of the *Ecole Alsacienne*), and had started working with him on producing the catalogues of the Russian Ballets. They were all people from similar backgrounds.

Lucien Vogel was dynamic, ambitious and an integral part of the world of fine art editions and printing. At a friend's house, he happened on some engravings from the *Journal des dames et des modes*, published at the beginning of the nineteenth century by Abbé de la Mésengère. Its fashion illustrations, engraved and coloured by hand, were signed by Debucourt and Horace Vernet.

He then decided to go out on his own and launch a luxury magazine based on the same principles. For this, he called on his group of friends, who were to form its artistic kernel: Lepape, Marty, Brissaud, Martin, Boutet de Monvel and, for the texts, Gabriel Mourey, Bernard Boutet de Monvel and Jean-Louis Vaudoyer.

The aim, defined in the promotional dummy edition, was ambitious: "Now that fashion has become an art, a fashion gazette must also be an art revue. So it will be with *La Gazette du Bon Ton*. Our

des Direktors der Zeitschrift *Comœdia Illustré* und Schwester von Michel de Brunhoff, eines weiteren Schülers der École Alsacienne. Mit seinem Schwiegervater arbeitete Vogel an den Programmen für das Russische Ballett. Es trafen sich also Menschen mit gleichem Hintergrund.

Der dynamische und ehrgeizige Lucien Vogel, der in den Kreisen der Kunstverlage und -druckereien ein- und ausging, entdeckte zufällig bei Freunden alte Stiche, die aus der zu Beginn des 19. Jahrhunderts von Abbé de la Mésengère verlegten Modeillustrierten *Journal des Dames et des Modes* stammten. Die handgestochenen und -kolorierten Modegravuren stammten von Debucourt und Horace Vernet.

Vogel, der endlich auf eigenen Beinen stehen wollte, entschloß sich kurzerhand, eine auf denselben Prinzipien basierende Luxusrevue zu gründen, und wandte sich an seine Artistenfreunde, die das künstlerische Zentrum der Zeitschrift bilden sollten: Lepape, Marty, Brissaud, Martin, Boutet de Monvel und fur die Texte Gabriel Mourey, Bernard Boutet de Monvel und Jean-Louis Vaudoyer.

Seine Programmankündigung in der Probenummer der Zeitschrift klang hochtrabend: „Heute, da die Mode selbst als

Baigné dans le milieu de l'édition d'art et de l'imprimerie, dynamique et ambitieux, Lucien Vogel découvre par hasard chez des amis des gravures extraites du «Journal des dames et des modes» édité au début du XIXe siècle par l'abbé de la Mésengère, dont les planches de mode, gravées et coloriées à la main, étaient signées Debucourt ou Horace Vernet.

Il décide, volant désormais de ses propres ailes, de créer une revue de luxe fondée sur les mêmes principes et fait appel à sa bande d'amis qui en formera le noyau artistique : Lepape, Marty, Brissaud, Martin, Boutet de Monvel et, pour les textes, à Gabriel Mourey, Bernard Boutet de Monvel et Jean-Louis Vaudoyer.

Le programme, défini dans un numéro zéro publicitaire, est ambitieux : «Au moment où la mode est devenue un art, il faut qu'une gazette de la mode soit elle-même un journal d'art. Telle sera *La Gazette du Bon Ton*. Les artistes les plus exquis composeront pour elle leurs pages les plus délicieuses, les Cherwit, Dœuillet, Doucet, Paquin, Poiret, Redfern, Worth – ces inventeurs de chefs-d'œuvre qui ont fait la mode française, l'admiration et l'envie de l'univers – lui réserveront la

finest artists will compose their most sublime pages for it, such as Cherwit, Dœuillet, Doucet, Paquin, Poiret, Redfern and Worth – those creators of masterpieces who have made the entire world envy and admire French fashion – and who will reserve their freshest creations for it. Thus, on the one hand, it will contain the latest models to emerge from the studios on *Rue de la Paix* and, on the other, that spirit of fashion to be seen in the artists' watercolours, that charmingly bold interpretation which they have made their own. Today's artists are in many ways inventors of fashion. How much does fashion owe to a man like Iribe, who brought us the simplicity of line and the taste for the Orient, to Drian, to Bakst, to a portrait painter such as Antonio de la Gandara, in love with the supple richness of cloth? Thus, in each issue of *La Gazette du Bon Ton*, you will find not only seven full-page plates of models created by couturiers, but also three plates of models invented by artists. This revue will also be a work of art. Everything about it will please the eye: its paper, format, characters, texts, illustrations, and the couturiers' models will not be simple reproductions, but genuine portraits of dresses,

Kunst angesehen wird, muß eine Modeillustrierte gleichzeitig auch ein Kunstmagazin sein. Eben dies wird die *Gazette du Bon Ton* sein. Die größten Künstler werden für sie ihr Bestes beitragen. Die Cherwit, Dœuillet, Doucet, Paquin, Poiret, Redfern und Worth – Schöpfer jener Meisterwerke, die die französische Mode zu dem gemacht haben, was sie heute ist, nämlich weltweit bewundert und beneidet – werden exklusiv ihre Kreationen vorstellen. So werden Sie in der *Gazette* sowohl die neuesten Modelle aus der Rue de la Paix als auch die Künstleraquarelle selbst bewundern können, und sie werden Ihnen den Esprit dieser Mode und ihre bezaubernden und gewagten Interpretationen, die den Künstlern eigen sind, nahebringen. Heutzutage trägt der bildende Künstler beträchtlich zur Schaffung von Mode bei. Schulden wir nicht Iribe die schlichte Linie sowie die orientalistische Strömung? Und was verdanken wir nicht Drian und Bakst, oder einem Antonio de la Gandara, jenem Liebhaber der Stoffe, ihrer Eleganz und Geschmeidigkeit. In jeder Nummer der *Gazette du Bon Ton* werden Sie sowohl sieben von Modeschöpfern entworfene Stiche, als auch drei weitere von bildenden Künstlern geschaffene Modelle finden. Die Zeitschrift soll gleichzeitig auch ein Kunstwerk

primeur de leurs créations. Ainsi on y trouvera d'une part les derniers modèles sortis des ateliers de la rue de la Paix, et on y trouvera d'autre part dans les aquarelles des peintres cet esprit de la mode, cette interprétation charmante et hardie qui leur appartient. Les artistes sont aujourd'hui pour une part les inventeurs de la mode : que ne doit-elle pas à un Iribe, qui introduit la simplicité des lignes et le goût oriental, à un Drian, à un Bakst, à un portraitiste épris de la souplesse et du raffinement des étoffes comme Antonio de la Gandara ? On trouvera donc dans chaque numéro de *La Gazette du Bon Ton*, à côté de sept planches hors texte qui sont des modèles créés par les couturiers, trois planches qui sont des modèles inventés par les artistes. Et cette revue sera en même temps une œuvre d'art, on a voulu que tout y plût aux yeux, papier, format, caractères, textes, illustrations, les modèles de couturiers ne seront pas de simples reproductions, ce seront de véritables portraits de robes, peints et dessinés par de subtils artistes de notre temps…»

L'éditorial du premier numéro, en novembre 1912, décrit sous la plume d'Henri Bidou la philosophie de la gazette : «On a nommé cette

painted and drawn by the finest artists of the day…"

In November 1912, the editorial of the first issue, written by Henri Bidou, explains the gazette's philosophy: "This revue has been entitled *La Gazette du Bon Ton*. And to have 'good breeding' means more than simply being elegant. One can be elegant in a thousand different ways, even scandalously so. But good breeding is the same for all of us. Elegance changes; good breeding does not. The former follows fashion; the latter follows taste. Good breeding is not at all affected, and yet it is discreet. It is not at all flashy, and yet it is free. Innate grace is its talisman: with this as its guide, it can do whatever it pleases and can cease to be charming only when it ceases to be itself. It is apparently quite simple, yet its simplicity is refined. Several centuries are needed in order to acquire it, just as sixteen heraldic quarterings are required to make a noble countenance. Its inventions are ingenious, but it dislikes being noticed; it has a feeling of grace and beauty, and loathes ostentation; its designs are witty, as in the vivid juxtaposition of colours; and it is this wittiness which makes it appear simple. The aim of *La Gazette du Bon Ton* is to re-

an sich sein, und alles an ihr soll das Auge erfreuen – Papier, Format, Satz, Text und Illustration. Die Modelle werden nicht einfach abgebildet sein, sondern es wird sich um wahre Kleiderporträts handeln, geschaffen von empfindsamen, zeitgenössischen Künstlern…"

Im Leitartikel der ersten Nummer vom November 1912 beschrieb Henri Bidon die Philosophie der Zeitschrift mit folgenden Worten: „Wir haben unserer Revue den Namen *La Gazette du Bon Ton* gegeben. Um geschmackvoll zu sein, reicht es nicht aus, elegant zu sein. Man kann auf hundert Arten elegant sein, sogar auf skandalöse Weise, der gute Geschmack jedoch ist universell. Eleganz ist veränderlich, Geschmack bleibt. Die eine ist der Mode unterworfen, der andere ist unvergänglich. Der gute Geschmack ist nicht steif, sondern diskret. Nicht aufdringlich, sondern frei. Die ihm innewohnende Feinheit dient ihm als Glücksbringer: Dank ihrer ist alles erlaubt, und so kann der gute Geschmack, solange er wirklich er selbst ist, nicht anders als charmant sein. Er erscheint einfach und seine Einfachheit ist raffiniert. Er formt sich über Jahrhunderte hinweg – genauso wie man 16 Teile benötigt, um ein edles Gesicht zu formen. Seine Einfälle sind originell, er schätzt es jedoch nicht, bemerkt

revue *La Gazette du Bon Ton*. Pour être du bon ton, il ne suffit pas d'être élégant. On est élégant de cent façons et même avec scandale : le bon ton est le même pour tous. L'élégance change, le bon ton ne varie pas ; elle suit la mode, il suit le goût. Le bon ton n'est point gourmé, et cependant il est discret. Il n'est point tapageur, et cependant il est libre. Une grâce innée lui sert de talisman : guidé par elle, tout lui est permis, et il ne saurait cesser d'être charmant sans cesser d'être lui-même. Il a l'air tout simple et cette simplicité est raffinée. Il faut des siècles pour le former, comme il faut seize quartiers pour créer un visage noble. Ingénieux dans ses inventions, il n'aime pas qu'on le remarque ; il a le sentiment du gracieux et du beau, mais horreur de l'ostentation ; il est spirituel dans le dessin, comme le vif agencement des couleurs ; et c'est parce qu'il est spirituel qu'il paraît aisé. *La Gazette du Bon Ton* a l'ambition de renouveler la tradition charmante et illustre des recueils de mode d'antan.»

Si cette définition est un peu vague, *La Gazette* répond mieux à son sous-titre «art, modes, frivolités». Là, on annonce clairement la couleur. Sérieux s'abstenir ! et

create that charming, illustrious tradition of yesteryear's fashion collections."

If this definition seems a little vague, *La Gazette* was more clearly explained in its subtitle: 'art, fashion, frivolities'. This makes its nature explicit: not for the serious-minded! Sure enough, its contributors pursued a vein of decadent humour, exceeded only by a snobbishness which today brings a smile to our lips – or even has burst out laughing. For example, in 1913, the inimitable Henri Bidou informed us, under the title 'A Country Wedding', that "Truly splendid individuals can be satisfied only with a cathedral or, at the very least, a basilica."

Emile Henriot added to this fascinating subject by writing a piece entitled 'Presence and Use of Children at Weddings'.

The most unlikely topics were dealt with in the various issues; but, fortunately, more often than not in a humoristic vein. Nicolas Bonnechose wrote a potted history of side-whiskers: "It is extraordinary how unimaginative men can be about serious subjects." Louis-Léon Martin in 'Concerning Boots and Gloves' announced his aim: "This title will reveal

zu werden. Er hat Gefühl fürs Schöne und Edle, und alles Demonstrative ist ihm ein Greuel. Sein Stil ist einfallsreich und sein Farbsinn ausgeprägt, und weil er geistreich ist, erscheint er reich. Das Ziel der *Gazette du Bon Ton* ist es, die charmante Tradition der Modeillustrierten früherer Epochen wieder aufleben lassen."

Treffender als diese etwas vage Definition war der Untertitel der *Gazette, Kunst, Mode und Frivolitäten*. Hier bekannte man Farbe: Ernstgemeintes unerwünscht! Und die Autoren rivalisierten mit dekadentem Humor, der oft in einen Snobismus abglitt, über den wir heute nur noch lächeln – oder laut herauslachen können. So erklärte Henri Bidon in seinem Artikel *Hochzeit auf dem Lande:* "… die edle Gesellschaft kann sich selbstverständlich nur mit einer Kathedrale oder, schlimmstenfalls, mit einer Basilika zufrieden geben."

Und Emile Henriot steuerte zu diesem spannenden Thema seine Gedanken in dem Artikel *Von der Anwesenheit und Nützlichkeit von Kindern in der Ehe* bei.

Die unmöglichsten Themen wurden in den einzelnen Ausgaben angeschnitten, zum Glück meist auf humorvolle Weise. So äußerte sich zum Beispiel Nicolas Bonnechose folgendermaßen zur Geschichte des Backenbartes:

les chroniqueurs rivalisent d'un humour décadent qui le dispute souvent à un snobisme qui ne peut aujourd'hui que nous faire sourire – voire franchement pouffer de rire. Ainsi, dès 1913, l'inénarrable Henri Bidou sous le titre «Mariage à la campagne» nous apprend que «Les personnes magnifiques ne sauraient être satisfaites que d'une cathédrale, ou tout au moins d'une basilique».

Emile Henriot apporte lui aussi sa contribution à ce sujet palpitant sous le titre «présence et utilité des enfants dans le mariage»…

Les questions les plus improbables sont au fil des livraisons abordées, heureusement le plus souvent avec humour. Nicolas Bonnechose brosse (!!) l'histoire des favoris : «C'est étonnant comme les hommes montrent peu d'imagination quand il s'agit de choses sérieuses». Louis-Léon Martin dans «À propos de bottes et de gants» annonce la couleur : «Ce titre dévoilera mes intentions, lesquelles sont pures en leur simplicité.» Gilbert Charles, en 1921 écrit les «conseils désintéressés à une fière amazone sur les propos de son costume» et de Vaudreuil les «Doléances d'un amour de petit chien, touchant la déconcertante variété des bas de

my intentions, which are pure in their simplicity." In 1912, Gilbert Charles wrote some "disinterested advice to a proud Amazon concerning the meaning of her costume" and de Vaudreuil "The Complaints of a darling little dog regarding the disconcerting variety of his mistress's skirt hems." From night-caps to honeymoons, the articles succeed one another, vying in futility from one issue to the next.

In 1923, we find 'Jerseys, knitwear and sweaters for the rigours of summer', in which the author, a certain Doctor Sweater, wonders: "And what of the woman? Does she mean to protect herself from our gazes, or to attract them all the more, when she transforms herself into a bear or dorado? This question remains unanswered." We could continue stringing together such quotations into a veritable necklace of pearls of wisdom. For example, J.N. Faure-Biguet, in 'Achilles's Heel', who indulges in a gush of rather dated lyricism: "and for the evening, the leather should flow down in a single piece so that the play of light does not shatter on it, but is drawn out, and that our dance seems to disturb only the reflections."

A final example concerning one of the editorial

„Es ist erstaunlich, wie einfallslos Männer sein können, sobald es sich um wichtige Dinge geht…"

Louis-Léon Martin schrieb in seinem Artikel *Stiefel und Handschuhe:* „Schon im Titel sind meine Absichten deutlich erkennbar, und sie sind rein in ihrer Schlichtheit."

Gilbert Charles erteilte 1921 „selbstlose Ratschläge einer stolzen Amazone zu ihrem Kostüm" und de Vaudreuil äußerte sich zu den „Leiden eines reizenden, von der Vielzahl der Unterröcke seines Frauchens verwirrten Schoßhündchens". Von der Bettmütze bis zur Hochzeitsreise, ein Artikel folgte auf den nächsten und versuchte, den vorausgegangenen mit seiner Leichtfertigkeit zu übertreffen.

1923 fragte sich Dr. Sweater in *Jersey, Trikot und Sweater für rüde Sommer:* „Ist es wohl, um unsere Blicke abzuwenden, oder, im Gegenteil, anzuziehen, daß sich Damen in Bärinnen oder Dorsche verwandeln? Die Frage bleibt offen…" Und schließlich, man könnte die Zitate wie Perlen aneinanderreihen, ließ sich J. N. Faure-Biguet in *Achillesferse* zu den Worten verleiten: „… und am Abend soll es ganz in Leder sein, auf daß das Lichterspiel nicht gebrochen, sondern fortgesetzt werde und unser Tanzen nicht in den Verdacht gerate, nur die Reflexe stören zu wollen…"

jupe de sa maîtresse». Des bonnets de nuit aux voyages de lune de miel, les articles se succèdent, rivalisant, de livraison en livraison, de futilité.

En 1923 ce sont «Jerseys, tricots, sweaters pour les rigueurs de l'été» où le docteur Sweater, auteur de l'article s'interroge : «mais femme ? est-ce pour se défendre de nos regards ou, au contraire, pour les mieux attirer, qu'elle se change en ourse ou en dorade ? la question reste pendante.» Enfin – on pourrait enfiler des citations comme des perles qu'elles sont le plus souvent – J.-N. Faure-Biguet dans «le Talon d'Achille», se laisse aller à un lyrisme bien daté : «et pour le soir, que le cuir coule d'une seule pièce afin que le jeu des lumières ne s'y casse point, mais s'allonge, et que notre danse n'ait l'air que de perturber des reflets.»

Un mot enfin pour citer l'un des Himalaya éditoriaux, répandu sur plusieurs numéros. L'armorial des écrivains français, tant anciens que modernes et même contemporains, tant nobles qu'anoblis ou bourgeois pourvus d'armoiries ; le tout décrit et écrit par Jean de Bonnefon – chacun regarde la littérature par le bout de la lorgnette qu'il s'est donnée !

high-points, which ran through several issues: the heraldic arms of French writers – be they ancient, modern or even contemporary, be they noblemen, raised to the nobility, or bourgeois but possessing a coat of arms – all described and annotated by Jean de Bonnefon. Each of us sees literature through the distorting glass of our choice!

All of this to say that, if *La Gazette* were simply to be considered as a sociological document (a revue of class, in both senses of the word), then it would have long since been forgotten. What saves it is its exceptional illustrators. Apart from the regular contributors, we can add Drésa, Guy Arnoux, Dammy, Drian, Erté, Carlège, etc. who occasionally published a drawing: that generation of illustrators of fashion and manners[*] who created the charm of the so-called 'wild years'. Here, too, from a modern viewpoint, a selection is easily made. Our enthusiastic rediscovery of this period twenty years ago has now passed away: the best of them remain, and will do so as a trace of a genuine style, the others have now already been practically forgotten.

(*) To refer to the title of the exhibition at the Galerie du Luxembourg in 1972 (already 27 years ago!) which so largely contributed to their rediscovery.

Ein absoluter Höhepunkt der Leitartikel, über mehrere Nummern verteilt, sei ebenfalls angeführt: das Wappenbuch der französischen Schriftsteller, der älteren und der modernen, ja sogar der zeitgenössischen, altadlig, frisch geadelt oder gar bürgerlich mit Wappen versehen, und alles von Jean de Bonnefon beschrieben und geschrieben. Jeder bekam hier das Seine ab.

Vor diesem Hintergrund kann man zu dem Schluß kommen, daß die *Gazette du Bon Ton* ohne die außerordentliche Qualität der Illustratoren heute vergessen oder allenfalls als soziologische Quelle von Interesse wäre, sozusagen als Klasse(n)-revue. Neben den ständigen Autoren arbeiteten gelegentlich auch Drésa, Guy Arnoux, Dammy, Drian, Erté, Carlège für die *Gazette*, also jene Generation von Illustratoren der Mode und der Manieren[*], die den Charme der Zwanziger Jahre prägten. Auch hier trennt sich, – für uns mit dem zeitlichen Abstand in der Rückschau leicht zu erkennen – auf ganz natürliche Art die Spreu vom Weizen. Von all dem, was vor 20 Jahren noch helle Begeisterung auslöste, als wir diese Epoche gerade wiederentdeckten, bleibt heute nur das Beste übrig und wird als Beispiel für

(*) Damit wird auf den Titel einer 1972, in der Galerie du Luxembourg gezeigten Ausstellung Bezug genommen, die sehr zu ihrer Wiederentdeckung beitrug.

Tout ceci pour en arriver à dire que, si ce n'était comme document sociologique (une revue de classe dans les deux sens du terme), *La Gazette* serait aujourd'hui oubliée si ses illustrateurs n'avaient été d'une qualité exceptionnelle. Aux collaborateurs réguliers, il faut ajouter Drésa, Guy Arnoux, Dammy, Drian, Erté, Carlège... qui ont occasionnellement donné un dessin – cette génération d'illustrateurs des modes et manières[*] d'où émane le charme des années dites folles. Là aussi, avec le recul du temps qui est le regard d'aujourd'hui, un tri se fait naturellement. L'engouement qui a été le nôtre en redécouvrant cette période il y a vingt ans n'est plus de mise ; le meilleur demeure, et restera comme la trace d'un vrai style, le reste est déjà presque retombé dans l'oubli...

Une personnalité s'impose : celle de Georges Lepape. L'élégance de son trait, la subtilité de ses couleurs à la gouache (reportées au pochoir), ses mises en pages toujours renouvelées en font le plus important des illustrateurs de l'époque. Seul Bénito, d'un géométrisme

* Pour reprendre le titre de l'exposition organisée à la Galerie du Luxembourg en 1972 (27 ans déjà !) qui a largement contribué à les faire redécouvrir.

If one figure stands above the rest, then it is Georges Lepape. The elegance of his line, the subtle colours of his gouaches (relayed onto stencils) and his constantly innovative layouts make him the most important illustrator of his period. Only Benito, the archetype Art Deco geometric painter, has the same power and evocative energy. Their plates remain as icons of the fashionable styles and life of their era. Then comes Georges Barbier who, when not at his best, can seem stiff and his drawings too heavily done, Marty, whose pale ladies surrounded by babies are often rather repetitive… and Martin, who rises above these snares and often possesses the stylized grace of Laboureur. Bernard Boutet de Monvel was more classical and regular in his irreproachable drawings, as was Pierre Brissaud, whose plates are often overladen with browns, which makes them indecipherable. The other collaborators made less frequent contributions: among them can be cited Bonfils and de Loupot (who was to become famous as a poster designer), and also Mourgue's elegance. As for the others, we have selected contributions from artists who, while not being regular, did at least have their moments of grace.

einen wahren Kunststil bestehen bleiben, der Rest ist jetzt schon fast vergessen…

Eine Persönlichkeit hob sich von den anderen ab: Georges Lepape. Die Eleganz seiner Linie, die Feinheit seiner mit der Schablone übertragenen Kolorierungen und seine immer neuen Layouts machten ihn zum wichtigsten Illustrator seiner Periode. Lediglich Benito und seine geometrischen, dem Art déco verpflichteten Entwürfe sind von gleicher Stärke und Assoziativkraft. Die Zeichnungen dieser beiden Künstler versinnbildlichen das elegante Leben und die Mode jener Jahre. Es folgt in der Rangordnung Georges Barbier, dessen Strich schwer wirken kann; sodann Marty, dessen in Kinderscharen schwelgenden, bleichen Frauenfiguren ein wenig eintönig sind… Martin vermeidet diesen Fehler und erreicht oft die stilisierende Grazie eines Laboureur. Klassischer sind Bernard Boutet de Monvel, mit seinem sauberen, regelmäßigen Strich sowie Pierre Brissaud, in dessen Zeichnungen zu oft Brauntönen dominieren. Andere Künstler arbeiteten unregelmäßig für die *Gazette,* unter ihnen ragen Bonfils und Loupot (der später als Plakatkünstler Karriere machen sollte) hervor, sowie auch der elegante Mourgue. Darüber hinaus haben wir Arbeiten von einigen Künst-

archétypiquement Art-Déco, a la même force, la même puissance d'évocation. Leurs planches restent comme des icônes de la vie élégante et de la mode de ces années. Viennent ensuite Georges Barbier qui, lorsqu'il n'est pas à son meilleur, peut être raide avec des dessins d'un cerne trop lourd, Marty, dont les femmes pâles entourées de bambins sont trop souvent répétitives… Martin échappe à ce travers et a souvent la grâce stylisée d'un Laboureur. Plus classiques sont Bernard Boutet de Monvel, régulier dans son dessin irréprochable, et Pierre Brissaud, dont les planches sont trop souvent empâtées dans les bruns, ce qui les rend indéchiffrables. Les autres collaborateurs sont plus irréguliers dans leurs livraisons ; il s'en détache quelques belles illustrations de Bonfils et de Loupot (qui connaîtra la gloire comme affichiste), et l'élégance d'un Mourgue. Pour le reste, nous avons sélectionné des livraisons d'artistes qui, s'ils n'ont été réguliers, ont au moins eu leur moment de grâce…

Cela étant, des centaines d'illustrations publiées, la sélection ici proposée représente certainement le meilleur du style d'une époque. Pour futile qu'elle pouvait être, *La*

Of the hundreds of published illustrations, the ones chosen here certainly represent the best of their period's style. No matter how futile *La Gazette du Bon Ton* was, under Lucien Vogel's direction, it was also a genuine innovation, a new approach to fashion and, from an artistic point of view, an ambitious project which succeeded in bringing together the best graphic artists of the time in its seventy issues, published over seven years until 1925. It also had a considerable and wide-ranging influence. Its principal contributors - for example Lepape in the USA for *Vogue* – managed to give a long life to this desire for style and rigour which now seems to us to be part of the distant past; this is inevitable – does anything of its kind exist today?

lern ausgewählt, die, ohne regelmäßige Mitarbeiter gewesen zu sein, doch gelegentliche Geniestreiche hatten…

So gibt die hier vorliegende Auswahl aus den Hunderten veröffentlichter Illustrationen sicher das Beste des Stils jener Epoche wieder. Mag sie auch wenig tiefschürfend gewesen sein, so bedeutete Lucien Vogels *Gazette du Bon Ton* doch eine echte Innovation, eine neue Betrachtungsweise der Mode und, vom künstlerischen Standpunkt aus gesehen, ein ehrgeiziges Unterfangen, das immerhin in 70 Ausgaben über sieben Jahre hinweg bis 1925 die besten zeitgenössischen Graphiker zusammenfaßte. Der Einfluß und das Prestige der Zeitschrift waren beträchtlich. Denkt man an Lepapes Rolle bei der amerikanischen *Vogue*, so ließen ihre wichtigsten Mitarbeiter einen stilbildenden Willen und einen hohen Anspruch fortleben, der uns heute weit zurückliegend scheint, und das nicht von ungefähr: Denn wo gibt es heute noch Vergleichbares?

Gazette du Bon Ton, sous l'impulsion de Lucien Vogel, n'en était pas moins une vraie innovation, une nouvelle manière de regarder la mode et, d'un point de vue artistique, un projet ambitieux qui sut, au fil des 70 numéros publiés sur sept années, jusqu'en 1925, réunir les meilleurs graphistes du temps. Son influence et son rayonnement furent considérables. Ses principaux protagonistes – je pense à Lepape pour *Vogue* aux USA – firent survivre et perdurer la volonté d'un style et d'une exigence qui nous paraissent bien lointains, et pour cause : y a-t-il l'équivalent aujourd'hui?

ALAIN WEILL

ILLUSTRATIONS   ILLUSTRATIONEN   ILLUSTRATIONS

LASSITUDE
Dinner dress, by Paul Poiret

Illustrator: Lepape

MATTIGKEIT
Abendkleid von Paul Poiret

Illustration : Lepape

LASSITUDE
Robe de diner, de Paul Poiret

Illustrateur : Lepape

LASSITUDE

Robe de dîner, de Paul Poiret

BEAUTY AND THE SPARROWS
Visiting dress by Paquin
Illustrator: Barbier

DIE SCHÖNE UND DIE SPERLINGE
Kleid für die Nachmittagsvisite von Paquin
Illustration : Barbier

LA BELLE AUX MOINEAUX
Robe de visite de Paquin
Illustrateur : Barbier

LA BELLE AUX MOINEAUX

Robe de Visite de Paquin

AM I EARLY ?
Theatre cape by Paul Poiret

Illustrator: Lepape

SOLLTE ICH ETWA ZU FRÜH SEIN ?
Theatermantel von Paul Poiret

Illustration : Lepape

SERAIS-JE EN AVANCE ?
Manteau de théâtre de Paul Poiret

Illustrateur : Lepape

SERAIS-JE EN AVANCE ?

Manteau de théâtre de Paul Poiret

THE FLOWER AND THE MIRROR
Evening dress by Chéruit

Illustrator: Brunelleschi

BLUME UND SPIEGEL
Abendkleid von Chéruit

Illustration : Brunelleschi

LA FLEUR ET LE MIROIR
Robe du soir de Chéruit

Illustrateur : Brunelleschi

LA FLEUR ET LE MIROIR

Robe du soir de Chéruit

THE CAUGHT-OUT COQUETTE
Evening dress by Worth

Illustrator: Marty

DIE ERTAPPTE EITLE
Abendkleid von Worth

Illustration : Marty

LA COQUETTE SURPRISE
Robe du soir de Worth

Illustrateur : Marty

LA COQUETTE SURPRISE

Robe du soir de Worth

THE BIRD CAGE
Fantasy costume by Paquin

Illustrator: Martin

DIE VOLIERE
Phantasiekostüm von Paquin

Illustration : Martin

LA VOLIÈRE
Costume de fantaisie par Paquin

Illustrateur : Martin

LA VOLIÈRE

Costume de Fantaisie par Paquin

FROM THE APPLE TO THE LIPS
Fancy-dress by Redfern

Illustrator: Martin

APFELGESCHMACK
Kostüm von Redfern

Illustration : Martin

DE LA POMME AUX LÈVRES
Travesti de Redfern

Illustrateur : Martin

DE LA POMME AUX LÈVRES

Travesti de Redfern

THE LADIES' ADVISOR
Theatre dress and coat
Illustrator: Barbier

DER RATGEBER DER DAMEN
Theaterkleid und-mantel
Illustration : Barbier

LE CONSEILLER DES DAMES
Robe et manteau pour le théâtre
Illustrateur : Barbier

LE CONSEILLER DES DAMES

Robe et Manteau pour le Théâtre

THE BLACK CAPE
Evening dress and cloak
Illustrator: Boutet de Monvel

DAS SCHWARZE CAPE
Abendhabit und Pelerine
Illustration : Boutet de Monvel

LA CAPE NOIRE
Habit et pèlerine de soirée
Illustrateur : Boutet de Monvel

LA CAPE NOIRE

Habit et Pèlerine de soirée

GOSSIP…YOU SAY II
Dress for the races by Redfern
Illustrator: Martin

WAS SAGTEN SIE GLEICH NOCH? GERÜCHTE II
Garderobe für die Pferderennbahn von Redfern
Illustration : Martin

VOUS DITES… CANCAN II
Robe pour les courses de Redfern
Illustrateur : Martin

VOUS DITES... CANCAN II

Robe pour les courses de Redfern

PHILOMELA
A Bakst dress produced by Paquin

Illustrator: Bakst

PHILOMELA
Kleid von Bakst für Paquin

Illustration : Bakst

PHILOMÈLE
Robe de Bakst réalisée par Paquin

Illustrateur : Bakst

PHILOMÈLE

Robe de Bakst réalisée par Paquin

BEAUTY AND THE BEAST
Morning dress

Illustrator: Martin

DIE SCHÖNE UND DAS BIEST
Morgenkleid

Illustration : Martin

LA BELLE ET LA BÊTE
Matinée

Illustrateur : Martin

LA BELLE ET LA BÊTE

Matinée

PARASOLS
Illustrator: Lepape

SONNENSCHIRME
Illustration : Lepape

DES OMBRELLES
Illustrateur : Lepape

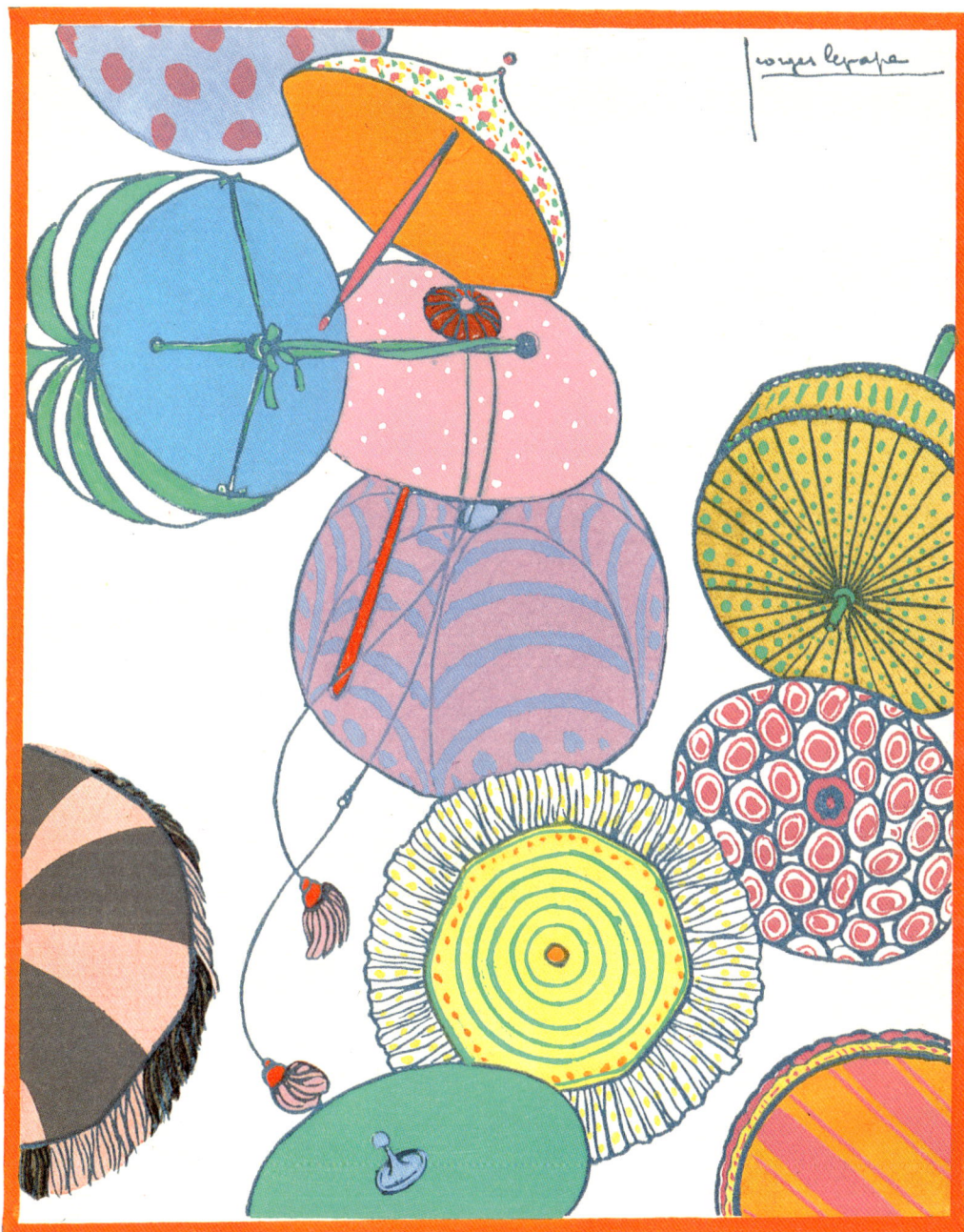

DES OMBRELLES

ROSE AMONG THE ROSES
Garden-party dress by Redfern

Illustrator: Gosé

EINE ROSE UNTER ROSEN
Kleid für die Gartenparty von Redfern

Illustration : Gosé

UNE ROSE PARMI LES ROSES
Robe de garden-party de Redfern

Illustrateur : Gosé

UNE ROSE PARMI LES ROSES

Robe de Garden-party de Redfern

DIANA
Afternoon dress by Dœuillet

Illustrator: Marty

DIANA
Nachmittagskleid von Dœuillet

Illustration : Marty

DIANE
Robe d'après-midi de Dœuillet

Illustrateur : Marty

DIANE

Robe d'après-midi de Dœuillet

NIGHT-TIME FAREWELLS
Evening dress by Paquin

Illustrator: Marty

ABSCHIED IN DER NACHT
Abendkleid von Paquin

Illustration : Marty

L'ADIEU DANS LA NUIT
Robe du soir de Paquin

Illustrateur : Marty

L'ADIEU DANS LA NUIT

Robe du soir de Paquin

RIBBONS

Illustrator: Lepape

BÄNDER

Illustration : Lepape

DES RUBANS

Illustrateur : Lepape

DES RUBANS

THE BLUE BIRD
Evening coat by Doucet
Illustrator: Dresa

DER BLAUE VOGEL
Abendmantel von Doucet
Illustration : Dresa

L'OISEAU BLEU
Manteau du soir de Doucet
Illustrateur : Dresa

L'OISEAU BLEU

Manteau du soir de Doucet

GOODNESS, ISN'T IT COLD !
Winter coat, by Paul Poiret

Illustrator: Lepape

MEIN GOTT, WAS FÜR EINE KÄLTE !
Wintermantel von Paul Poiret

Illustration : Lepape

DIEU ! QU'IL FAIT FROID…
Manteau d'hiver, de Paul Poiret

Illustrateur : Lepape

DIEU ! QU'IL FAIT FROID...

Manteau d'hiver de Paul Poiret

THE GARDEN OF LE PEYROU
Tailored suit by Chéruit

Illustrator: Boutet de Monvel

GARTEN VON LE PEYROU
Schneiderkostüm von Chéruit

Illustration : Boutet de Monvel

LE JARDIN DU PEYROU
Costume tailleur de Chéruit

Illustrateur : Boutet de Monvel

LE JARDIN DU PEYROU

Costume tailleur de Chéruit

"COROMANDEL"
Coat and evening dress
Illustrator: Barbier

"COROMANDEL"
Abendkleid und -mantel
Illustration : Barbier

«COROMANDEL»
Manteau et robe du soir
Illustrateur : Barbier

"COROMANDEL"

Manteau et robe du soir

THE PURPLE COAT
Evening coat by Paul Poiret

Illustrator: Lepape

DER PURPURMANTEL
Abendmantel von Paul Poiret

Illustration : Lepape

LE MANTEAU DE POURPRE
Manteau du soir de Paul Poiret

Illustrateur : Lepape

LE MANTEAU DE POURPRE

Manteau du soir de Paul Poiret

THE SHELL FOUNTAIN
Evening dress by Paquin

Illustrator: Barbier

DER MUSCHELBRUNNEN
Abendkleid von Paquin

Illustration : Barbier

LA FONTAINE DE COQUILLAGES
Robe du soir de Paquin

Illustrateur : Barbier

LA FONTAINE DE COQUILLAGES

Robe du soir de Paquin

BLACK SMOKE
Evening dress by Redfern
Illustrator: Stimpl

SCHWARZER RAUCH
Abendkleid von Redfern
Illustration : Stimpl

LA FUMÉE NOIRE
Robe du soir de Redfern
Illustrateur : Stimpl

LA FUMÉE NOIRE

Robe du soir de Redfern

THE RED LILY
Evening dress by Paul Poiret

Illustrator: Puget

DIE ROTE LILIE
Abendkleid von Paul Poiret

Illustration: Puget

LE LYS ROUGE
Robe du soir de Paul Poiret

Illustrateur : Puget

LE LYS ROUGE

Robe du soir de Paul Poiret

DAMN THIS WIND !
Morning coat by Chéruit

Illustrator: Brissaud

VERMALEDEITER WIND !
Vormittagsmantel von Chéruit

Illustration : Brissaud

MAUDIT VENT !
Manteau du matin de Chéruit

Illustrateur : Brissaud

MAUDIT VENT!

Manteau du matin de Chéruit

THE ASTOUNDING LITTLE FISH…
Summer dress

Illustrator: Barbier

DAS BETÖRENDE FISCHCHEN
Sommerkleid

Illustration : Barbier

L'ÉTOURDISSANT PETIT POISSON…
Robe d'été

Illustrateur : Barbier

L'ÉTOURDISSANT PETIT POISSON...

Robe d'été

YELLOW MADRAS
Evening head-scarf
Illustrator: Martin

GELBER MADRAS
Kopfbedeckung für den Abend
Illustration : Martin

LE MADRAS JAUNE
Coiffure pour le soir
Illustrateur : Martin

LE MADRAS JAUNE

Coiffure pour le soir

THE SILVER BOWL
Dinner dress decked with a ribbon
Illustrator: Benito

DAS SILBERNE BECKEN
Dinnerkleid mit Bänderverzierung
Illustration : Benito

LE BASSIN D'ARGENT
Robe de diner garnie de ruban
Illustrateur : Bénito

LE BASSIN D'ARGENT
Robe de dîner garnie de ruban

THE GOLDEN FAN
Fan and bracelets

Illustrator: Lepape

DER GOLDENE FÄCHER
Fächer und Armbänder

Illustration : Lepape

L'ÉVENTAIL D'OR
Éventail et bracelets

Illustrateur : Lepape

L'ÉVENTAIL D'OR

Éventail et Bracelets

DANCING
Evening coat by Paul Poiret

Illustrator: Lepape

DANCING
Abendmantel von Paul Poiret

Illustration : Lepape

DANCING
Manteau du soir de Paul Poiret

Illustrateur : Lepape

DANCING

Manteau du soir, de Paul Poiret

ANTINEA
Evening coat, by Paul Poiret

Illustrator: Lepape

ANTINEA
Abendmantel von Paul Poiret

Illustration : Lepape

ANTINÉA
Manteau du soir, de Paul Poiret

Illustrateur : Lepape

ANTINÉA

Manteau du soir, de Paul Poiret

MIRAGE
Evening dress by Paul Poiret

Illustrator: Mario Simon

DAS TRUGBILD
Abendkleid von Paul Poiret

Illustration : Mario Simon

MIRAGE
Robe du soir de Paul Poiret

Illustrateur : Mario Simon

MIRAGE

Robe du soir, de Paul Poiret

STORMY WEATHER
Yachting outfit

Illustrator: Zinoview

STURM
Segelkostüm

Illustration : Zinoview

GROS TEMPS
Costume pour le yachting

Illustrateur : Zinoview

GROS TEMPS

Costume pour le yachting

TEA TIME
Fur coat, by Jeanne Lanvin
Illustrator: Benito

TEESTUNDE
Pelzmantel von Jeanne Lanvin
Illustration : Benito

L'HEURE DU THÉ
Manteau de fourrure, de Jeanne Lanvin
Illustrateur : Bénito

L'HEURE DU THÉ

Manteau de fourrure, de Jeanne Lanvin

TWO SISTERS
Evening coat and dress, by Beer
Illustrator: Mario Simon

DIE BEIDEN SCHWESTERN
Abendmantel und -kleid von Beer
Illustration : Mario Simon

LES DEUX SŒURS
Manteau et robe pour le soir, de Beer
Illustrateur : Mario Simon

LES DEUX SŒURS

Manteau et robe pour le soir, de Beer

THE SOUTHERLIES ARE BACK
Afternoon tailored suit and dress, by Dœuillet
Illustrator: Siméon

DIE RÜCKKEHR DER SÜDWINDE
Nachmittagskleid und -kostüm von Dœuillet
Illustration : Siméon

LE RETOUR DES AUTANS
Tailleur et robe d'après-midi, de Dœuillet
Illustrateur : Siméon

LE RETOUR DES AUTANS

Tailleur et Robe d'après-midi, de Dœuillet

HINDUSTAN
Dress-coat, by Paul Poiret
Illustrator: Martin

HINDUSTAN
Mantelkleid von Paul Poiret
Illustration : Martin

HINDOUSTAN
Robe-manteau, de Paul Poiret
Illustrateur : Martin

HINDOUSTAN

Robe-manteau, de Paul Poiret

THE OVAL MIRROR
Evening dress, by Beer
Illustrator: Domergue

DER OVALE SPIEGEL
Abendkleid von Beer
Illustration : Domergue

LE MIROIR OVALE
Robe du soir, de Beer
Illustrateur : Domergue

LE MIROIR OVALE

Robe du soir, de Beer

PARISIAN TRAFFIC JAMS
Afternoon coat, by Dœuillet

Illustrator: Marty

DIE ÄGERNISSE VON PARIS
Nachmittagsmantel von Dœuillet

Illustration : Marty

LES EMBARRAS DE PARIS
Manteau d'après-midi, de Dœuillet

Illustrateur : Marty

LES EMBARRAS DE PARIS
Manteau d'après-midi, de Dœuillet

THE LAST PERSIAN LETTER
Extract from the album produced for Les Fourrures Max

Illustrator: Benito

DER LETZTE PERSISCHE BRIEF
Detail aus dem Werbealbum der Pelzfirma Fourrures Max

Illustration : Benito

LA DERNIÈRE LETTRE PERSANE
Extrait de l'album édité par les Fourrures Max

Illustrateur : Bénito

DIANE

LA DERNIÈRE LETTRE PERSANE

Extrait de l'Album édité par les Fourrures Max

THE SCENT OF THE ROSE
Tailored suit, by Dœuillet

Illustrator: Marty

ROSENDUFT
Schneiderkostüm von Dœuillet

Illustration : Marty

LE PARFUM DE LA ROSE
Costume tailleur, de Dœuillet

Illustrateur : Marty

LE PARFUM DE LA ROSE

Costume tailleur, de Dœuillet

THE PLEASURE OF FASHION
Evening coat, of Bianchini cloth
Illustrator: Siméon

MODEVERGNÜGEN
Abendmantel, Stoff von Bianchini
Illustration : Siméon

LE PLAISIR A LA MODE
Manteau du soir, en tissu de Bianchini
Illustrateur : Siméon

LE PLAISIR A LA MODE

MANTEAU DU SOIR, EN TISSU DE BIANCHINI

JUMP DOGGY !
Dress for afternoon dance, by Dœuillet
Illustrator: Marty

HOPPLA !
Nachmittagstanzkleid von Dœuillet
Illustration : Marty

HOP LA !
Robe pour danser l'après-midi, de Dœuillet
Illustrateur : Marty

HOP LA !

ROBE POUR DANSER L'APRÈS-MIDI, DE DŒUILLET

RELATION
Sports coat, by Paul Poiret
Illustrator: Martin

VERBINDUNG
Sportmantel von Paul Poiret
Illustration : Martin

RELATION
Manteau de sports, de Paul Poiret
Illustrateur : Martin

RELATION

MANTEAU DE SPORTS, DE PAUL POIRET

SMOKE
Evening dress, by Beer
Illustrator: Barbier

RAUCH
Abendkleid von Beer
Illustration : Barbier

FUMÉE
Robe du soir, de Beer
Illustrateur : Barbier

FUMÉE

ROBE DU SOIR, DE BEER

AFTER THE DANCE
Dinner dress, by Worth
Illustrator: Rzewuski

NACH DEM TANZ
Dinnerkleid von Worth
Illustration : Rzewuski

APRÈS LA DANSE
Robe de dîner, de Worth
Illustrateur : Rzewuski

APRÈS LA DANSE

ROBE DE DINERS, DE WORTH

TANAGRA
Evening dress, by Beer
Illustrator: Benito

TANAGRA
Abendkleid von Beer
Illustration : Benito

TANAGRA
Robe du soir, de Beer
Illustrateur : Bénito

TANAGRA

ROBE DU SOIR, DE BEER

N° 5 de la Gazette du Bon Ton
Année 1921   Planche 39

STROLL IN THE PALAIS ROYAL
'Directoire' style frock coat
Illustrator: Mourgue

SPAZIERGANG IM PALAIS-ROYAL
Redingote im Directoire-Stil
Illustration : Mourgue

LA PROMENADE DU PALAIS-ROYAL
Redingote Directoire
Illustrateur : Mourgue

LA PROMENADE DU PALAIS-ROYAL

REDINGOTE "DIRECTOIRE"

FAREWELL !
Evening coat, by Worth
Illustrator: Barbier

ADIEU !
Abendmantel von Worth
Illustration : Barbier

ADIEU !
Manteau du soir, de Worth
Illustrateur : Barbier

ADIEU!

MANTEAU DU SOIR, DE WORTH

COUNTRY PLEASURES
Dress by Paul Poiret

Illustrator: Marty

LÄNDLICHE VERGNÜGUNGEN
Kleid von Paul Poiret

Illustration : Marty

LES PLAISIRS DE LA CAMPAGNE
Robe de Paul Poiret

Illustrateur : Marty

LES PLAISIRS DE LA CAMPAGNE

ROBE DE PAUL POIRET

DINNER AT THE CHATEAU
Evening coat, by Paul Poiret

Illustrator: Marty

DINNER IM SCHLOSS
Abendmantel von Paul Poiret

Illustration : Marty

LE DÎNER AU CHATEAU
Manteau pour le soir, de Paul Poiret

Illustrateur : Marty

LE DINER AU CHATEAU

MANTEAU POUR LE SOIR, DE PAUL POIRET

IN THE BALEARIC ISLANDS
Tailored suit, by Beer
Illustrator: Benito

AUF DEN BALEAREN
Schneiderkostüm von Beer
Illustration : Benito

A LAS BALEARES
Costume tailleur, de Beer
Illustrateur : Bénito

A LAS
BALEARES

BENITO

COSTUME TAILLEUR, DE BEER

N° 6 de la Gazette du Bon Ton. Année 1921. — Planche 48

JOTA
Evening coat, by Beer

Illustrator: Benito

JOTA
Abendmantel von Beer

Illustration : Benito

JOTA
Manteau du soir, de Beer

Illustrateur : Bénito

JOTA

MANTEAU DU SOIR, DE BEER

THREE HATS BY CAMILLE ROGER

Illustrator: Woodruff

DREI HÜTE VON CAMILLE ROGER

Illustration : Woodruff

TROIS CHAPEAUX DE CAMILLE ROGER

Illustrateur : Woodruff

TROIS CHAPEAUX DE CAMILLE ROGER

BOUQUET OF VIOLETS
Evening coat, by Beer

Illustrator: Mourgue

VEILCHENSTRAUSS
Abendmantel von Beer

Illustration : Mourgue

BOUQUET DE VIOLETTES
Manteau du soir, de Beer

Illustrateur : Mourgue

BOUQUET DE VIOLETTES

MANTEAU DU SOIR, DE BEER

"YOU'RE WALKING TOO FAST, MOTHER…"
Tailored suit and little girl's dress, by Jeanne Lanvin
Illustrator: Brissaud

GEH NICHT SO SCHNELL, MAMA…
Mädchenkleid und -mantel von Jeanne Lanvin
Illustration : Brissaud

«TU VAS TROP VITE, MAMAN…»
Tailleur et robe de fillette de Jeanne Lanvin
Illustrateur : Brissaud

"TU VAS TROP VITE, MAMAN..."

TAILLEUR ET ROBE DE FILLETTE DE JEANNE LANVIN

THE HORN BLAST
Hunting dress
Illustrator: Robert Bonfils

DAS HORN ERSCHALLT
Jagdkleid
Illustration : Robert Bonfils

LA TROMPE SONNE
Robe de chasse
Illustrateur : Robert Bonfils

LA TROMPE SONNE

ROBE DE CHASSE

LUNCH AT THE CABARET
Tailored suit, of cottaperllaine by Rodier

Illustrator: Siméon

LUNCH IM CABARET
Wollkostüm von Rodier

Illustration : Siméon

LE DÉJEUNER AU CABARET
Tailleur en cottaperllaine de Rodier

Illustrateur : Siméon

LE DÉJEUNER AU CABARET

TAILLEUR, EN COTTAPERLLAINE DE RODIER

THE PARK IN DECEMBER
Tailored suit, by Dœuillet

Illustrator: Marty

DER PARK IM DEZEMBER
Kostüm von Dœuillet

Illustration : Marty

LE PARC EN DÉCEMBRE
Tailleur, de Dœuillet

Illustrateur : Marty

LE PARC EN DÉCEMBRE

TAILLLEUR. DE DŒUILLET

THE HUG
Dress by Dœuillet
Jacket by Larsen
Illustrator: Marty

DIE ANSCHMIEGSAME
Kleid von Dœuillet
Jackett von Larsen
Illustration : Marty

LA CÂLINE
Robe de Dœuillet
Veston de Larsen
Illustrateur : Marty

LA CALINE

ROBE DE DŒUILLET
VESTON DE LARSEN

LONGCHAMP
Afternoon dress, by Beer
Tail coat for going racing, by Kriegck
Illustrator: Benito

LONGCHAMP
Nachmittagskleid von Beer
Jackett fürs Pferderennen de Kriegck
Illustration : Benito

LONGCHAMP
Robe d'après-midi, de Beer
Jaquette pour les courses, de Kriegck
Illustrateur : Bénito

LONGCHAMP

ROBE D'APRÈS-MIDI, DE BEER
JAQUETTE POUR LES COURSES, DE KRIEGCK

N° 6 de la Gazette du Bon Ton.

Année 1922. - Planche 44

THE LOOKING-GLASS or A FLEETING GLIMPSE
Evening coat, by Paul Poiret

Illustrator: Marty

DER SPIEGEL oder EIN SCHNELLER BLICK IM VORBEIGEHN
Abendmantel von Paul Poiret

Illustration : Marty

LA GLACE ou UN COUP D'ŒIL EN PASSANT
Manteau du soir, de Paul Poiret

Illustrateur : Marty

LA GLACE

OU

UN COUP D'ŒIL EN PASSANT

MANTEAU DU SOIR, DE PAUL POIRET

YOU CAN HOPE
Evening dress, by Worth

Illustrator: Barbier

SIE DÜRFEN HOFFEN
Abendkleid von Worth

Illustration : Barbier

ESPÉREZ
Robe du soir, de Worth

Illustrateur : Barbier

ESPÉREZ

ROBE DU SOIR, DE WORTH

THE FIVE SENSES
I – SMELL
Hats, by Camille Roger

Illustrator: Mourgue

DIE FÜNF SINNE
I – DER GERUCHSSINN
Hüte von Camille Roger

Illustration : Mourgue

LES CINQ SENS
I – L'ODORAT
Chapeaux, de Camille Roger

Illustrateur : Mourgue

LES CINQ SENS

I. — L'ODORAT

CHAPEAUX, DE CAMILLE ROGER

ENCHANTMENTS
Evening dress, by Beer
Illustrator: Barbier

ZAUBEREI
Abendkleid von Beer
Illustration : Barbier

SORTILÈGE
Robe du soir, de Beer
Illustrateur : Barbier

SORTILÈGES
ROBE DU SOIR, DE BEER

THE OPERA BOX
Evening coat, by Martial and Armand
Illustrator: Mourgue

DIE OPERNLOGE
Abendmantel von Martial und Armand
Illustration : Mourgue

LA LOGE D'OPÉRA
Manteau du soir, de Martial et Armand
Illustrateur : Mourgue

LA LOGE D'OPÉRA

MANTEAU DU SOIR, DE MARTIAL ET ARMAND

SMOKE
Dress, by Madeleine Vionnet
Illustrator: Thayaht

RAUCH
Kleid von Madeleine Vionnet
Illustration : Thayaht

DE LA FUMÉE
Robe, de Madeleine Vionnet
Illustrateur : Thayaht

DE LA FUMÉE
ROBE DE MADELEINE VIONNET

A SUDDEN SHOWER
Dress for Côte d'Azur, by Worth

Illustrator: Barbier

HEFTIGER SCHAUER
Kleid für die Côte d'Azur von Worth

Illustration : Barbier

L'AVERSE INTEMPESTIVE
Robe pour la Côte d'Azur, de Worth

Illustrateur : Barbier

L'AVERSE INTEMPESTIVE

ROBE POUR LA COTE D'AZUR, DE WORTH

LASSITUDE
Négligé, by Beer
Illustrator: Lepape

MATTIGKEIT
Negligé von Beer
Illustration : Lepape

LASSITUDE
Déshabillé, de Beer
Illustrateur : Lepape

LASSITUDE

DÉSHABILLÉ, DE BEER

THE SILVER CURTAIN
Tailored suit, by Martial and Armand

Illustrator: Mourgue

DER SILBERVORHANG
Kostüm von Martial und Armand

Illustration : Mourgue

LE RIDEAU D'ARGENT
Tailleur, de Martial et Armand

Illustrateur : Mourgue

LE RIDEAU D'ARGENT

TAILLEUR, DE MARTIAL ET ARMAND

DURING THE 'FITTINGS'
Chez Madeleine Vionnet

Illustrator: Thayaht

WÄHREND DER MODENSCHAU
Madeleine Vionnet

Illustration : Thayaht

PENDANT LES «MODÈLES»
Chez Madeleine Vionnet

Illustrateur : Thayaht

PENDANT LES "MODÈLES"

CHEZ MADELEINE VIONNET

SECRETS
Hats, by Camille Roger
Illustrator: Hugo

VERTRAULICHKEITEN
Hüte von Camille Roger
Illustration : Hugo

CONFIDENCES
Chapeaux, de Camille Roger
Illustrateur : Hugo

CONFIDENCES

CHAPEAUX, DE CAMILLE ROGER

THE TAME DEER
Dress, by Paul Poiret

Illustrator: Marty

DAS ZAHME REH
Kleid von Paul Poiret

Illustration : Marty

LA BICHE APPRIVOISÉE
Robe, de Paul Poiret

Illustrateur : Marty

LA BICHE APPRIVOISÉE

ROBE, DE PAUL POIRET

TWO O'CLOCK IN THE MORNING
Coats, by Worth

Illustrator: Barbier

ZWEI UHR FRÜH
Mäntel von Worth

Illustration : Barbier

DEUX HEURES DU MATIN
Manteaux, de Worth

Illustrateur : Barbier

DEUX HEURES DU MATIN

MANTEAUX, DE WORTH

AREN'T YOU BEAUTIFUL, MOTHER !
Evening dress and child's dress, by Jeanne Lanvin
Illustrator: Lepape

WIE SCHÖN DU BIST, MAMA !
Abendkleid und Kinderkleid von Jeanne Lanvin
Illustration : Lepape

QUE TU ES BELLE, MAMAN !
Robe du soir et robe d'enfant, de Jeanne Lanvin
Illustrateur : Lepape

QUE TU ES BELLE, MAMAN!

ROBE DU SOIR ET ROBE D'ENFANT, DE JEANNE LANVIN

OFF TO THE CASINO
Evening coat, by Worth

Illustrator: Barbier

AUFBRUCH ZUM CASINO
Abendmantel von Worth

Illustration : Barbier

LE DÉPART POUR LE CASINO
Manteau du soir, de Worth

Illustrateur : Barbier

LE DÉPART POUR LE CASINO

MANTEAU DU SOIR, DE WORTH

Modèle déposé. Reproduction interdite.

TIME FOR A STROLL
Coats, by Jeanne Lanvin
Illustrator: Lepape

ZEIT ZUM SPAZIERENGEHEN
Mäntel von Jeanne Lanvin
Illustration : Lepape

L'HEURE DE LA PROMENADE
Manteaux, de Jeanne Lanvin
Illustrateur : Lepape

L'HEURE·DE·LA·PROMENADE

MANTEAUX, DE JEANNE LANVIN

THE BLUE AMAZON

Illustrator: Loupot

DIE BLAUE AMAZONE

Illustration : Loupot

L'AMAZONE BLEUE

Illustrateur : Loupot

L'AMAZONE BLEUE

THE LOCKED DOOR
Evening dress, by Madeleine Vionnet
Illustrator: Rueg

DIE VERSCHLOSSENE TÜR
Abendkleid von Madeleine Vionnet
Illustration : Rueg

LA PORTE FERMÉE
Robe du soir, de Madeleine Vionnet
Illustrateur : Rueg

LA PORTE FERMÉE

ROBE DU SOIR, DE MADELEINE VIONNET

"ONE MINUTE, AND I'LL BE READY…"
Evening dress and coat, by Jeanne Lanvin

Illustrator: Lepape

NOCH EINEN AUGENBLICK, ICH BIN FAST SOWEIT…
Abendkleid und -mantel von Jeanne Lanvin

Illustration : Lepape

«UNE MINUTE, ET JE SUIS PRÊTE…»
Robe et manteau du soir, de Jeanne Lanvin

Illustrateur : Lepape

"UNE MINUTE, ET JE SUIS PRÊTE…"

ROBE ET MANTEAU DU SOIR, DE JEANNE LANVIN

MONIQUE
Hat, by Marthe Collot
Illustrator: Zinoview

MONIQUE
Hut von Marthe Collot
Illustration : Zinoview

MONIQUE
Chapeau, de Marthe Collot
Illustrateur : Zinoview

MONIQUE

CHAPEAU, DE MARTHE COLLOT

AT THE RACES
Fur coat, by Max-A. Leroy

Illustrator: Loupot

PFERDERENNBAHN
Pelzmantel von Max.-A. Leroy

Illustration: Loupot

CHAMP DE COURSES
Manteau de fourrure, de Max-A Leroy

Illustrateur : Loupot

CHAMP DE COURSES

MANTEAU DE FOURRURE, DE MAX-A. LEROY

BIOGRAPHICAL NOTES

Florence Robert

LÉON BAKST
(pseudonym of LEV
SAMOILEVICH ROSENBERG)

Saint Petersburg (Grodno)
1866 – Paris 1924

Russian illustrator, painter,
stage-designer

Student of the Saint Petersburg
Academy. He started working in
Moscow and gradually drew away
from conventional art. Deeply im-
pressed by modern French art, he
exhibited at the 1911 *Salon d'Automne* as a painter who had defini-
tively left behind the academic style.
That same year, he was elected vice-
president of the jury of the *Société
des Arts Décoratifs* in Paris. He
contributed to *La Gazette du Bon
Ton, Comœdia Illustré* and to the
Journal des Dames et des Modes and
also painted posters. An important
figure in Parisian high society, and
in particular in the circle around
Paul Poiret – on whom he had a
marked influence – he designed
costumes and sets for Diaghilev's
Russian Ballets (*Scheherazade,
l'Après-midi d'un faune, Daphnis et
Chloé* etc.)

GEORGES BARBIER

Nantes, 1882 – Paris, 1932

French illustrator, painter,
stage-designer.

Studied under J-P Laurens at the
Beaux-Arts, he exhibited at the
Salon des Humoristes in 1910 under
the pseudonym Edouard William,
then regularly at the *Salon des Artistes Décorateurs*. He contributed to
numerous satirical magazines, such
as *Le Rire* or *La Baïonnette*, and to
fashion and decoration reviews: *Le
Journal des Dames et des Modes, La*

KURZBIOGRAPHIEN

Florence Robert

LÉON BAKST
(LEV SAMOÏLEVITCH
ROSENBERG, GEN.)

* 1866 Sankt Petersburg (Grodno)
+ 1924 Paris

Russischer Illustrator, Maler und
Dekorateur

Nach seinem Studium an der
Kunstakademie von Sankt Petersburg, läßt sich Bakst in Moskau
nieder, wo er sich nach und nach
den konventionellen Kunstströmun-
gen entzieht. Er ist sehr beeindruckt
von der zeitgenössischen französischen Kunst, und als er 1911 im Pariser *Salon d'automne* ausstellt, sind
seine Werke sind frei von jeglichem
Akademismus. Im selben Jahr wird er
zum Vizedirektor der Jury der Pariser
Société des Arts décoratifs gewählt. Er
arbeitet für die *Gazette du Bon Ton,
Comœdia illustré, Le Journal des
Dames et des Modes* und entwirft Plakate. Er wird von der Pariser High
Society gefeiert, vor allem im Kreis
um Paul Poiret, auf den er einen
deutlichen Einfluß ausübt. Er entwirft schließlich die Kostüme und
Bühnenbilder für Diaghilevs Russi-
sches Ballet *(Schéhérazade, l'Après-
midi d'un faune, Daphnis et Chloé).*

GEORGES BARBIER

* 1882 Nantes + 1932 Paris

Französischer Illustrator, Maler und
Dekorateur.

Barbier ist ein Schüler von
J.P. Laurens an der Pariser Akademie
der Schönen Künste. Zum ersten Mal
stellt er 1910 unter dem Pseudonym
Edouard William im *Salon des humoristes* aus. Später auch regelmäßig im
Salon des décorateurs. Er arbeitet für
mehrere satirische Blätter wie *Le Rire,
La Baïonnette* und Mode- und Wohn-

NOTICES BIOGRAPHIQUES

Florence Robert

LÉON BAKST
(LEV SAMOÏLEVITCH
ROSENBERG, dit)

Saint-Pétersbourg (Grodno),
1866 – Paris, 1924

Illustrateur, peintre, décorateur,
russe.

Elève de l'Académie de Saint-
Pétersbourg, il s'installe à Moscou
et se dégage peu à peu de l'art
conventionnel, fortement impres-
sionné par l'art moderne français et
c'est un peintre définitivement li-
béré de l'académisme qui expose au
Salon d'automne en 1911. La
même année, il est élu vice-prési-
dent du jury de la Société des arts
décoratifs à Paris. Il collabore à *La
Gazette du Bon Ton, Comœdia Illustré,* au *Journal des Dames et des
Modes* et réalise des affiches. Très répandu dans la société parisienne, en
particulier dans l'entourage du couturier Paul Poiret – sur qui il aura
une influence certaine – il dessine
les costumes et décors des Ballets
russes dirigés par Diaghilev
(*Schéhérazade, l'Après-midi d'un
faune, Daphnis et Chloé…*).

GEORGES BARBIER

Nantes, 1882 – Paris, 1932

Illustrateur, peintre, décorateur,
français.

Elève de J.-P. Laurens aux Beaux-
Arts, il expose au Salon des humoristes en 1910 sous le pseudonyme
d'Edouard William, puis régulièrement au Salon des artistes décorateurs. Il collabore à de nombreux
journaux satiriques comme *Le Rire*
ou *La Baïonnette,* à des revues de
décoration et de mode : *Le Journal
des Dames et des Modes, La Gazette du Bon Ton* (de 1912 à 1925),

Gazette du Bon Ton (from 1912 to 1925), *Comœdia Illustré, Feuillets d'Art, Fémina, Vogue* and also illustrated books such as Francis de Miomandre's *Danses de Nijinsky* (1913) or Pierre Louÿs's *Les Chansons de Bilitis* (1922). He also illustrated numerous promotional catalogues, particularly for *Pierre Imans, Le Printemps, Les Fourrures de Max, Paquin* and *Renault*. Finally, he designed sets and costumes for the music hall, the theatre and the cinema (for example, Rudolph Valentino's costumes in *Monsieur Beaucaire*).

EDOUARDO GARCIA BENITO

Vallodid, Spain 1891 – 1981

Spanish illustrator, painter, engraver.

He worked for Tolmer from 1913 to 1916, then for Draeger, the printer. He contributed to *Fantasio* and to fashion and decoration revues: *La Gazette du Bon Ton* (from 1920 to 1923), *Feuillets d'Art, Fémina, Vanity Fair, Vogue* and also illustrated books such as Paul Bourget's *Le Testament*. He produced numerous promotional catalogues, particularly for *Cusenier, Les Galeries Lafayette, High-Life Tailor, Les Fourrures Max, Le Printemps* and *La Samaritaine*.

ROBERT BONFILS

Paris, 1886 – 1972

French illustrator, painter, engraver.

Studied at the Beaux-Arts under Cormon. From 1913 on, he exhibited regularly at the *Salon des Artistes Décorateurs*. He contributed to *La Gazette du Bon Ton* (from 1920 to 1921), *Le Goût du Jour, La Rose de France* and illustrated books such as Verlaine's *Fêtes Galantes* (1915) and Claudel's *Sainte Cécile* (1918). He also designed book bindings.

---

zeitschriften wie *Le Journal des Dames et des Modes, La Gazette du bon ton* (1912–1925), *Comœdia illustré, Feuillets d'Art, Fémina* und *Vogue*. Er illustriert auch Texte: *Les Danses de Nijinski* von Francis de Miomandre (1913) oder *Les Chansons de Bilitis* von Pierre Louÿs (1922). Auch als Illustrator von Werbekatalogen ist er tätig, so z. B. für die Firmen Pierre Imans, Le Printemps, Les Fourrures Max, Paquin und Renault.

Bühnenbilder und Kostüme für Film, Theater und Music-Hall gehören zu seinen Werken (u.a. die Kostüme von Rodolpho Valentino in *Monsieur Beaucaire*)

EDOUARDO GARCIA BENITO

* 1891 Valladolid (Spanien) + 1981

Spanischer Illustator, Maler und Graveur

Von 1913 bis 1916 arbeitet Benito für Tolmer, anschließend für die Druckerei Draeger. Er veröffentlicht seine Arbeiten in *Fantasio* und in Mode- und Dekorationszeitschriften wie *Gaz* (1920–1923), *Feuillets d'Art, Fémina, Vanity Fair, Vogue* und illustriert mehre Bücher, u. a. *Le Testament* von Paul Bourget. Er entwirft Werbekataloge für Firmen wie Cusenier, High-Life Tailor, Les Fourrures Max, und Kaufhäuser wie Les Galeries Lafayette, Le Printemps und La Samaritaine.

ROBERT BONFILS

* 1886 Paris + 1972 Paris

Französischer Illustrator, Maler und Graveur

Er studiert im Atelier von Carmon an der Akademie der Schönen Künste von Paris. Ab 1913 stellt er regelmäßig im *Salon des artistes décorateurs* aus. Er arbeitet für die *Gazette du Bon Ton* (1920–1921), *Le Goût du Jour, La Rose de France*, und illustriert Texte wie z. B. *Les Fêtes galantes* von Verlaine (1915) und Claudels *Sainte-Cécile* (1918) und verschiedene Bucheinbände.

Comœdia Illustré, Feuillets d'Art, Fémina, Vogue et illustre des livres dont *Danses de Nijinsky* de Francis de Miomandre, 1913 ou *Les chansons de Bilitis* de Pierre Louÿs, 1922. Il illustre également de nombreux catalogues publicitaires, notamment pour *Pierre Imans, Le Printemps, Les Fourrures Max, Paquin, Renault*. On lui doit des décors et des costumes pour le music-hall, le théâtre, le cinéma (costumes de Rudolph Valentino dans *Monsieur Beaucaire*).

EDOUARDO GARCIA BENITO

Valladolid, Espagne, 1891 – 1981

Illustrateur, peintre, graveur, espagnol.

Il travaille pour Tolmer de 1913 à 1916, puis pour l'imprimeur Draeger. Il collabore à *Fantasio* et à des revues de décoration et de mode : *La Gazette du Bon Ton* (de 1920 à 1923), *Feuillets d'Art, Fémina, Vanity Fair, Vogue* et illustre des livres dont *Le Testament* de Paul Bourget. Il réalise de nombreux catalogues publicitaires, notamment pour *Cusenier, Les Galeries Lafayette, High-Life Tailor, Les Fourrures Max, Le Printemps, La Samaritaine*.

ROBERT BONFILS

Paris, 1886 – 1972

Illustrateur, peintre, graveur, français.

Etudes aux Beaux-Arts dans l'atelier de Cormon. Il expose régulièrement à partir de 1913 au Salon des artistes décorateurs. Il collabore à *La Gazette du Bon Ton* (1920-1921), *Le Goût du Jour, La Rose de France* et illustre des livres dont *Fêtes Galantes* de Verlaine, 1915 et *Sainte Cécile* de Claudel, 1918. On lui doit aussi des dessins de reliures.

BERNARD BOUTET DE MONVEL

Paris, 1884 (certain sources indicate 1881) – Azores, 1949

French painter, watercolourist, designer.

The son of Maurice Boutet de Monvel, he studied under Luc-Olivier Merson and Jean Dampt. He was member of the *Société Nationale des Beaux-Arts*, of the *Salon d'Automne* (as of 1905), and was also part of the *Comité du Salon des Tuileries* (from 1923 to 1928). He exhibited in New York in 1926. A great dandy, and legislator of male fashion, he was the darling of the specialist press he contributed to: *La Vie Parisienne* (1906-1912), *Fémina, La Gazette du Bon Ton, Le Journal des Dames et des Modes, Nos Loisirs, Vogue, Le Rire*. He illustrated numerous books: André Maurois's *Le Général Bramble* (1920) and *Contact* (1928); *La Première Traversée du Sahara en Automobile; Le Raid Citroën* by Haardt and Audouin-Dubreuil (1931). He was killed in an aeroplane crash in 1949, along with Marcel Cerdan and the violinist Ginette Neveu.

PIERRE BRISSAUD

Paris, 1885 – 1964

French illustrator, painter, engraver.

Bernard Boutet de Monvel's cousin. Studied at the *Beaux-Arts* under Cormon, where he met Lepape, Martin and Marty. He exhibited at the 1907 *Salon des Indépendants* and at the 1910 *Salon d'Automne*. Member of the *Société des Beaux-Arts*. He contributed to satirical magazines: *Le Sourire, Le Crapouillot*; and to fashion and decoration revues: *Comœdia Illustré, Fémina, La Gazette du Bon Ton* (from 1912 to 1924), *Monsieur* and *Vogue*. He illustrated numerous books, such as novels by Marcel Boulenger, Ana-

BERNARD BOUTET DE MONVEL

* 1884 (oder 1881) Paris
+ 1949 Azoren

Französischer Maler, Zeichner und Graveur

Bernard ist der Sohn von Maurice Boutet de Monvel und Schüler von Luc-Olivier Merson und Jean Dampt. Er ist Mitglied der *Société nationale des beaux-arts* und gehört von 1905 an auch zum Ausschuß der *Société des dessinateurs humouristes* und von 1923 bis 1928 zum Ausschuß des *Salon des Tuileries*. 1926 stellt er in New York aus. Als wahrer Dandy ist er tonangebend in männlicher Eleganz und der Liebling aller Moderedaktionen, für die er tätig ist: *La Vie Parisienne* (1906-1912), *Fémina, La Gazette du Bon Ton, Le Journal des Dames et des Modes, Nos Loisirs, Vogue, Le Rire*. Er illustriert auch zahlreiche Bücher wie z.B. *Le Général Bramble* von André Maurois (1920), *Contact* (1928) und *La première traversée du Sahara en automobile – Le Raid Citroën* von Haardt, Audouin-Dubreuil (1931). 1949 kommt er während des Flugzeugunglücks zu Tode, das auch den Boxer Marcel Cerdan und der Violonistin Ginette Neveu das Leben gekostet hat.

PIERRE BRISSAUD

* 1885 Paris + 1964 Paris

Französischer Illustrator, Maler und Graveur

Pierre Brissaud ist ein Vetter von Bernard Boutet de Monvel. Er studiert bei Cormon an der Akademie der Schönen Künste und begegnet dort Lepape, Martin und Marty. 1907 stellt er im *Salon des Indépendants* aus und ab 1910 im *Salon d'automne*. Er ist Mitglied der *Société nationale des Beaux-Arts* und arbeitet für mehrere Satirezeitschriften wie *Le Sourire, Le Crapouillot* und Mode- bzw Dekorationsillustrierte wie *Comœdia Illustré, Fémina, La Gazette du bon ton* (1912–1924), *Monsieur, Vogue*. Er illustriert zahlreiche Texte, u.a. Romane von

BERNARD BOUTET DE MONVEL

Paris, 1884 (certaines sources indiquent 1881) – Açores, 1949

Peintre, aquafortiste, dessinateur, français.

Fils de Maurice Boutet de Monvel, il est l'élève de Luc-Olivier Merson et de Jean Dampt. Membre de la Société nationale des beaux-arts, du Salon d'automne dès 1905, il fait également partie du comité de la Société des dessinateurs humoristes et du comité du Salon des Tuileries (1923-1928). Il expose à New York en 1926. Grand dandy, arbitre des élégances masculines, il est la coqueluche de la presse spécialisée à laquelle il collabore : *La Vie Parisienne* (1906-1912), *Fémina, La Gazette du Bon Ton, Le Journal des Dames et des Modes, Nos Loisirs, Vogue, Le Rire*. Il illustre de nombreux ouvrages : *Le Général Bramble* (1920), *Contact* (1928), tous deux d'André Maurois, *La première traversée du Sahara en automobile, Le Raid Citroën* de Haardt et Audouin-Dubreuil en 1931. Il disparaît en 1949 dans un accident d'avion, où périssent Marcel Cerdan et la violoniste Ginette Neveu.

PIERRE BRISSAUD

Paris, 1885 – 1964

Illustrateur, peintre, graveur, français.

Cousin de Bernard Boutet de Monvel. Etudes aux Beaux-Arts dans l'atelier de Cormon, où il rencontre Lepape, Martin et Marty. Il expose au Salon des indépendants en 1907 et au Salon d'automne en 1910. Membre de la Société nationale des beaux-arts. Il collabore à des revues satiriques : *Le Sourire, Le Crapouillot* et à des revues de décoration et de mode : *Comœdia Illustré, Fémina, La Gazette du Bon Ton* (de 1912 à 1924), *Monsieur, Vogue*. Il illustre de nombreux livres dont les romans de Marcel Boulenger,

tole France and Abel Hermant. He produced promotional catalogues for *High-Life Tailor, Les Trois Quartiers, La Belle Jardinière, Les Galeries Lafayette* and *Peugeot*.

UMBERTO BRUNELLESCHI

Pistoia, 1879 – 1949

Italian illustrator, painter, designer.

He studied in Florence, where he participated in numerous exhibitions, before coming to Paris. He soon began to frequent the circle of young poets in the *quartier Latin*. He drew for *L'Assiette au Beurre* under the pseudonym Aroun-al-Axid, and contributed to *La Gazette du Bon Ton* (1912), *Fémina, Le Journal des Dames, Flirt* and *La Guirlande*. He illustrated works by Diderot, Charles Perrault, Musset and designed posters (for the *Palais de la Nouveauté*).

JEAN-GABRIEL DOMERGUE

Bordeaux, 1889 – Paris, 1962

French painter, poster designer.

He devoted his art to the image of a woman who is at once sensual, arch and flirtatious. He studied under G.Lefebvre, T. Robert-Fleury, Adler, Humbert and F. Flameng and seemed to be destined for a career as a landscape painter. He first exhibited at the 1906 *Salon des Artistes Français*. Member of the *Institut*, in 1955 he was made conservator of the *Musée Jacquemart-André* His posters were especially devoted to shows and department stores.

JACQUES DRESA
(pseudonym of ANDRÉ SAGLIO)

Versailles, 1869 – Paris, 1929

French artist and designer.

Member of the *Société du Salon*

Marcel Boulenger, Anatole France und Abel Hermant und entwirft Werbekataloge für High-Life Tailor, Les Trois Quartiers, La Belle Jardinière, Les Galeries Lafayette und Peugeot.

UMBERTO BRUNELLESCHI

* 1879 Pistoia, Italien + 1949 Pistoia

Italienischer Illustrator, Maler und Zeichner

Umberto Brunelleschi studiert in Florenz, wo er an mehreren Ausstellungen teilnimmt, bevor er sich in Paris niederläßt. Bald verkehrt er in den Dichterkeisen des quartier Latin. Er arbeitet für die Zeitschrift *L'Assiette au Beurre* unter dem Pseudonym Aronn-al-Axid sowie für die *Gazette du Bon Ton* (1912), *Fémina, Journal des Dames, Flirt, La Guirlande*. Zu seinem Werk gehören auch Illustrationen von Diderot, Charles Perrault, Musset und verschiedene Plakatentwürfe z. B. für das Palais de la Nouveauté.

JEAN-GABRIEL DOMERGUE

* 1889 Bordeaux + 1962 Paris

Französischer Maler und Werbezeichner

Sein ganzes Werk deht sich um ein Frauenideal, das gleichzeitig sinnlich, schelmisch und kokett ist.
Er ist Schüler von G. Lefebvre, T. Robert, Fleury, Adler, Humbert und F. Flameng und anfänglich scheint er sich in Richtung Landschaftsmalerei zu orientieren. 1906 stellt er zum ersten Mal im *Salon des Artistes français* aus. Er wird ins Institut de France gewählt und 1955 zum Direktor des Museums Jacquemart-André. Seine Plakate bringen uns vor allem die Atmosphäre der großen Pariser Kaufhäuser nahe.

JACQUES DRÉSA
(alias ANDRÉ SAGLIO)

* 1869 Versailles + 1929 Paris

Französischer Zeichner und Dekorateur

Mitglied der Société du *Salon*

---

d'Anatole France, et de Abel Hermant. Il réalise des catalogues publicitaires pour *High-Life Tailor, Les Trois Quartiers, La Belle Jardinière, Les Galeries Lafayette, Peugeot.*

UMBERTO BRUNELLESCHI

Pistoia, Italie, 1879 – 1949

Illustrateur, peintre, dessinateur, italien.

Il étudie à Florence, où il participe à de nombreuses expositions avant de s'installer à Paris. Il se lie très vite au milieu des jeunes poètes fréquentant le quartier Latin. Il dessine pour *L'Assiette au Beurre* sous le pseudonyme d'Aroun-Al-Axid et collabore à *La Gazette du Bon Ton* (1912), *Fémina, Le Journal des Dames, Flirt, La Guirlande*. Il illustre des ouvrages de Diderot, Charles Perrault, Musset et réalise des affiches (*Palais de La Nouveauté*).

JEAN-GABRIEL DOMERGUE

Bordeaux, 1889 – Paris 1962

Peintre, affichiste, français.

Il consacre son art à l'image de la femme à la fois sensuelle, espiègle et coquette. Elève de G. Lefebvre, T. Robert-Fleury, Adler, Humbert et F. Flameng, il semble promis à une carrière de paysagiste. Il débute au Salon des artistes français en 1906. Membre de l'Institut, il est nommé en 1955 conservateur du musée Jacquemart-André. Ses affiches évoquent surtout le spectacle et les grands magasins.

JACQUES DRESA
(pseudonyme d'ANDRÉ SAGLIO)

Versailles, 1869 – Paris, 1929

Dessinateur, décorateur, français.

Membre de la Société du salon d'automne et de la Société des arts

---

d'Automne and of the *Société des Arts Décoratifs*. He exhibited at the *Salon des Humoristes*. Influenced by Persian art, he designed wallpaper, cloth, furniture and contributed to *La Gazette du Bon Ton* and *Le Goût du Jour*.

VALENTINE HUGO
(pseudonym of VALENTINE GROSS)

Boulogne-sur-Mer, 1887 – 1968

French painter, illustrator.

She exhibited at the *Salon des Artistes Français* in 1909. A book illustrator, particularly of works by Jean Cocteau and Paul Eluard, she contributed to *La Gazette du Bon Ton* (from 1913 to 1915, 1922), *Comœdia Illustré* (numerous designs for the Russian Ballet) *Feuillets d'Art,* and designed sets for the theatre: *Quadrille, Pelléas et Mélisande* (1947).

GEORGES LEPAPE

Paris, 1887 – 1971

French illustrator, painter, designer.

Studied at the *Beaux-Arts* under Cormon, where he met Boutet de Monvel, Brissaud, Martin, Marty and Mathey. As of 1908 he exhibited regularly at the *Salon d'Automne*. He met Paul Poiret in 1910 and, the next year, produced for him an album: *Les Choses de P.Poiret Vues par G.Lepape*. He contributed to *La Gazette du Bon Ton* (from 1912 to 1925), *Feuillets d'Art, Fémina, Nos Elégances, Jardin des Modes Nouvelles, Harper's Bazaar, Vanity Fair,* and also designed covers for *Vogue* (in France and the USA), *L'Illustration, Excelsior Modes* etc. Finally, he designed costumes and sets for both the theatre and the cinema, particularly Marcel L'Herbier's *Enfantement du Mort* (1919) and *L'Oiseau Bleu* (1923).

---

d'Automne und der *Société des Arts décoratifs*. Er stellt im Salon des humouristes aus. Er steht sehr unter dem Einfluß persischer Kunst und entwirft Tapeten, Stoffe und Möbel und arbeitet für die *Gazette du Bon Ton* und *Le Goût du Jour*.

VALENTINE HUGO
(VALENTINE GROSS gen.)

* 1887 Boulogne-sur-Mer
+ 1968 Boulogne-sur-Mer

Französische Malerin und Illustratorin

1904 stellt sie im *Salon des Artistes français* aus.

Sie illustriert vor allem für Jean Cocteau, Paul Éluard und veröffentlicht verschiedene Arbeiten in der *Gazette du bon ton* (1913–15 und 1922), *Comœdia illustré* (zahlreiche Skizzen für das Russische Ballet), *Les Feuillets d'Art*. Sie entwirft auch die Bühnenbilder von *Quadrille* und *Pelléas et Mélisande*.

GEORGES LEPAPE

* 1887 Paris + 1971 Paris

Französischer Maler, Dekorateur und Illustrator.

Studiert bei Cormon an der Akademie der Schönen Künste von Paris, wo er B. Boutet de Monvel, P. Brissaud, Ch. Martin, A. Marty und J. Mathey kennenlernt. Ab 1906 stellt er regelmäßig im *Salon d'automne* aus.

1910 begegnet er Paul Poiret und entwirft für ihn im darauffolgenden Jahr das Skizzenbuch: *Les choses de Paul Poiret vues par Lepape*.

Er arbeitet regelmäßig für die *Gazette du Bon Ton* (1912–1925), *Les Feuillets d'Art, Nos Élegances, Fémina, Jardin des Modes nouvelles, Harper's Bazaar, Vanity Fair* und illustriert die Titelseiten der französischen und amerikanischen *Vogue, L'Illustration* und *Excelsior Modes*. Er schafft auch Film- und Theaterdekore, z.B. *Enfantement du mort* von Marcel L'Herbier (1919) und *L'Oiseau bleu* (1923).

---

décoratifs. Il expose au Salon des humoristes. Influencé par l'art persan, il dessine des papiers peints, des tissus, des meubles et collabore à *La Gazette du Bon Ton, Le Goût du Jour*.

VALENTINE HUGO
(VALENTINE GROSS, dite)

Boulogne-sur-Mer, 1887–1968

Peintre, illustratrice, française.

Elle expose au Salon des artistes français en 1909. Illustratrice de livres notamment pour Jean Cocteau, Paul Eluard, elle collabore à *La Gazette du Bon Ton* (de 1913 à 1915, 1922), *Comœdia Illustré* (nombreux dessins pour les Ballets russes), *Les Feuillets d'Art* et réalise des décors de théâtre : *Quadrille, Pelléas et Mélisande* (1947).

GEORGES LEPAPE

Paris, 1887–1971

Illustrateur, peintre, décorateur, français.

Etudes aux Beaux-Arts dans l'atelier de Cormon où il rencontre B. Boutet de Monvel, P. Brissaud, Ch. Martin, A. Marty et J. Mathey. Il expose régulièrement au Salon d'automne dès 1908. Il rencontre Paul Poiret en 1910 et réalise pour lui l'année suivante l'album *Les choses de P. Poiret vues par G. Lepape*. Il collabore à *La Gazette du Bon Ton* (de 1912 à 1925), *Les Feuillets d'Art, Nos Elégances, Fémina, Jardin des Modes Nouvelles, Harper's Bazaar, Vanity Fair* et réalise les couvertures pour *Vogue* (France et USA), *L'Illustration, Excelsior Modes*... On lui doit aussi des costumes, des décors de théâtre et de cinéma, notamment *Enfantement du mort* de Marcel L'Herbier (1919) et *L'Oiseau bleu* (1923).

CHARLES LOUPOT

Nice, 1892 – Les Arcs, 1962

French painter, poster designer.

Studied at the Lyons *Ecole des Beaux-Arts*. Called up in 1914, wounded, then discharged in 1915, he joined his family in Switzerland, where he finished his studies. He designed his first posters in 1916, influenced by Cappiello but also by German graphic design. Returned to France in 1923 when asked by Devambez, the printer, to contribute to *La Gazette du Bon Ton* . He designed the two posters (green and white) for *Voisin* cars, which launched his career as a poster designer in France. In 1930 he participated with Cassandre and Moyrand in the setting-up of the *Alliance Graphique*. He designed posters, particularly for *L'Oréal, Dop, Monsavon, Valentine, Nicolas* and, for *Saint-Raphaël* (1937-47), revamped the image of the two café waiters, in an increasingly stylized fashion. He applied this approach until the end of his life, constantly purifying his designs, such as the logos for the bill-board company *Route et Ville* and for *L'Air Liquide*.

CHARLES MARTIN

Montpellier, 1848 – 1934

French illustrator, artist, designer.

Studied at the Montpellier *Beaux-Arts* then, in Paris, at the *Académie Jullian* and the *Beaux-Arts*, under Cormon. He contributed to *La Gazette du Bon Ton* (from 1912 to 1925), *Le Journal des Dames et des Modes, Feuillets d'Art, Le Sourire, Le Rire, Fémina, Vogue, Harper's Bazaar*. He illustrated numerous books, such as Tristan Bernard's *Secret d'Etat* (1913), *Modes et Manières d'Aujourd'hui* (1913) and

CHARLES LOUPOT

* 1892 Nizza + 1962 Les Arcs

Studium an der Akademie der Schönen Künste von Lyon. 1914 kommt er an die Front, wird verletzt und 1915 aus der Armee entlassen. Er folgt seiner Familie in die Schweiz, wo er sein Studium beendet.

1916 entwirft er seine ersten Plakate, beeinflußt von Capiello und dem deutschen Graphismus. 1923 ruft ihn der Druckereibesitzers Devambez nach Frankreich zurück und er wird Mitarbeiter der *Gazette du Bon Ton*. Er entwirft die beiden (das grüne und das weiße) Plakate für die Autofirma Voisin und tritt damit seine französische Karriere an.

1930 gründet er u.a. mit Cassandre und Moyrand die *Alliance Graphique*. Er entwirft weitere Plakate für L'Oréal, Dop, Monsavon, Valentine, Nicolas und modernisiert für die Aperitifmarke Saint-Raphaël das Emblem mit den zwei Kellnern, indem er es zunehmend stilisiert (1937–1947). Bis zu seinem Tod orientieren sich seine Arbeiten immer stärker in diese Richtung und seine Formen werden immer reiner, wie man es z.B. an den Firmenzeichen von Route und Ville oder Air liquide erkennen kann.

CHARLES MARTIN

* 1848 Montpellier
+ 1934 Montpellier

Französicher Zeichner und Dekorateur

Studium an der Akademie der Schönen Künste von Montpellier, anschließend in Paris an der Akademie Jullian und im Atelier von Cormon. Von 1912–1925 arbeitet er für die *Gazette du Bon Ton, Le Journal des Dames et des Modes, Les Feuillets d'Art, Le Sourire, Le Rire, Fémina, Vogue* und *Harper's Bazaar*.

Er illustriert zahlreiche Texte wie z.

CHARLES LOUPOT

Nice, 1892 – Les Arcs, 1962

Peintre, affichiste, français.

Etudes à l'École des beaux-arts de Lyon. Mobilisé en 1914, blessé, réformé en 1915, il rejoint sa famille en Suisse où il termine ses études. Il réalise ses premières affiches en 1916, influencé à la fois par Cappiello et par le graphisme allemand. Retour en France en 1923 à l'appel de l'imprimeur Devambez pour collaborer à *La Gazette du Bon Ton*. Il réalise les deux affiches (verte et blanche) pour les automobiles *Voisin*, qui marquent le départ de sa carrière française d'affichiste. En 1930, il participe avec Cassandre et Moyrand à la création de l'*Alliance Graphique*. Il réalise des affiches, notamment pour *L'Oréal, Dop, Monsavon, Valentine, Nicolas* et renouvelle pour *Saint-Raphaël* (1937-1947) l'image des deux garçons de café, dans le sens d'une stylisation toujours plus grande. Il applique cette démarche jusqu'à la fin de sa vie, épurant sans cesse les formes : sigles de la société d'affichage *Route et Ville*, de *L'Air Liquide*.

CHARLES MARTIN

Montpellier, 1848 – 1934

Illustrateur, dessinateur, décorateur, français.

Etudes aux Beaux-Arts de Montpellier, puis à Paris, à l'académie Jullian et aux Beaux-Arts dans l'atelier de Cormon. Il collabore à *La Gazette du Bon Ton* (1912 à 1925), *Le Journal des Dames et des Modes, Les Feuillets d'Art, Le Sourire, Le Rire, Fémina, Vogue, Harper's Bazaar*. Il illustre de nombreux ouvrages, notamment *Secret d'Etat* de Tristan Bernard (1911), *Modes et Manières d'Aujourd'hui* (1913) et pour *Nicolas, Monseigneur le Vin* de Montorgueil et Forest (de 1924 à 1927).

Nicolas, *Monseigneur le Vin* by Montorgueil and Forest (from 1924 to 1927).

ANDRÉ-EDOUARD MARTY

Paris, 1882 – 1974

French engraver, illustrator.

Studied under Cormon at the *Beaux-Arts* where he met Lepape, Martin and Brissaud. He exhibited regularly at the *Salon des Artistes Décorateurs* and at the *Salon des Humoristes*. He was member of the jury of the *Exposition des Arts Décoratifs* in 1925. He contributed in particular to *La Gazette du Bon Ton* (from 1912 to 1925), *Le Sourire*, *Comœdia Illustré*, *Vogue*, *Fémina*, *Harper's Bazaar*, and signed posters (the first of which was for the Russian Ballet at the *Théâtre National de l'Opéra* in 1910) he also designed sets and costumes for both the cinema and the theatre: *Le Chandelier* at the *Comédie Française* in 1935, and the cartoon film *Callisto* (music by Honneger and Roland Manuel) in 1943; and so on. Finally, he produced numerous illustrations for works by La Fontaine, Musset, Daudet, Maeterlinck and Pierre Louÿs (*Les Chansons de Bilitis*, 1925).

PIERRE MOURGUE

French press illustrator and advertizing artist.

Contributed to *La Gazette du Bon Ton* and to *Flirt*. He illustrated catalogues for *La Grande Maison du Blanc, Les Trois Quartiers, Le Louvre, Madelios*, etc.

FERNAND SIMEON

Paris, 1884 – 1928

French painter, engraver, designer.

Studied at the *Ecole des Arts Décoratifs*, he then started making et-

B. Tristan Bernards *Secret d'État* (1911) und *Modes et Manières d'aujourd'hui* (1913). Für die Spirituosenhandlungen Nicolas illustriert er *Monseigneur le Vin* von Montorgueil und Forest.

ANDRÉ-EDOUARD MARTY

* 1882 Paris + 1974 Paris

Französischer Graveur und Illustrator

Marty ist ein Schüler von Cormon und macht bei ihm die Bekanntschaft von Lepape, Martin und Brissaud. Er stellt regelmäßig im *Salon des Arts décoratifs* sowie im *Salon des humouristes* aus. 1925 ist er Jurymitglied der *Exposition des Arts Décoratifs*. Er arbeitet für die *Gazette du Bon Ton* (1912– 1925), *Le Sourire*, *Comœdia illustré*, *Vogue*, *Fémina* und *Harper's Bazaar*. Er ist auch als Plakatkünstler tätig und seine erste Arbeit entwirft er für das Gastspiel der Russischen Ballets an der Pariser Oper 1910. Er entwirft Bühnenbilder und Kostüme für Theater und Film z. B. *Le Chandelier* an der Comédie Française (1935) oder für den Zeichentrickfilm *Callisto* (Musik von Honegger und Roland Manuel) (1943) Wir verdanken ihm ebenfalls zahlreiche Buchillustrationen z. B. für Texte von La Fontaine, Musset, Daudet, Maeterlink und Pierre Louÿs (*Les Chansons de Bilitis*, 1925).

PIERRE MOURGUE

Französischer Pressezeichner und Werbe-illustrator

Mourgue arbeitet für die *Gazette du Bon Ton* und *Flirt*. Er entwirft Werbekataloge für La Grande Maison du Blanc, Les Trois Quartiers, Le Louvre und Madelios.

FERNAND SIMÉON

* 1884 Paris + 1928 Paris

Französischer Maler, Graveur und Zeichner

Siméon studiert an der *École des arts décoratifs* und widmet sich anschließend

ANDRÉ-EDOUARD MARTY

Paris, 1882 – 1974

Graveur, illustrateur, français.

Elève de Cormon aux Beaux-Arts où il rencontre G. Lepape, Ch. Martin et A. Brissaud. Il expose régulièrement au Salon des artistes décorateurs et au Salon des humoristes. Il est membre du jury à l'Exposition des Arts Décoratifs de 1925. Collaborateur notamment de *La Gazette du Bon Ton* (1912 à 1925), *Le Sourire, Comœdia Illustré, Vogue, Fémina, Harper's Bazaar*, il signe des affiches (la première pour les Ballets russes au Théâtre national de l'Opéra, 1910) et dessine des décors, des costumes pour le théâtre et le cinéma : *Le Chandelier* à la Comédie-Française, 1935, et le dessin animé *Callisto* (musique d'Honneger et Roland Manuel), 1943... On lui doit également de nombreuses illustrations pour des ouvrages de La Fontaine, Musset, Daudet, Maeterlinck, Pierre Louÿs (*Les chansons de Bilitis*, 1925).

PIERRE MOURGUE

Dessinateur de presse et illustrateur publicitaire, français.

Collabore à *La Gazette du Bon Ton* et à *Flirt*. Il illustre des catalogues pour *La Grande Maison du Blanc, Les Trois Quartiers, Le Louvre, Madelios*.

FERNAND SIMÉON

Paris, 1884 – 1928

Peintre, graveur, dessinateur, français.

Elève à l'Ecole des arts décoratifs, il se lance ensuite dans la peinture et l'eau-forte. Réformé pendant la guerre de 1914, il rencontre Auguste Lepère chez qui il

chings. Discharged from service during the Ist World War, he met Auguste Lepère who introduced him to the art of wood engraving. Between 1920 and 1928, he illustrated over forty different works (Baudelaire, Courteline, Gautier, Louÿs) which brought him a fame he was not to profit from for very long. He died at the age of forty-four from an attack of meningitis.

ERNESTO MICHEHELLES THAYAHT

Florence, 1893 – Marina di Pietra-santa 1959

Italian painter, sculptor, designer and goldsmith.

Studied under L. Andreotti. He followed the futurist movement and produced symbolist works.

JOHN KELLOGG WOODRUFF

Bridgeport (USA) 1879 – ?

American painter, sculptor.

Member of the *Société des Artistes Indépendants.*

JOSÉ ZINOVIEW

Illustrator.

He contributed to *La Gazette du Bon Ton* (1920, 1921, 1922, 1924 and 1935), to *Fémina,* and designed stage costumes.

---

der Malerei und dem Kupferstich. Während des Ersten Weltkrieges wird er reformiert, macht die Bekanntschaft von Auguste Lepère, der ihn in die Kunst des Holzschnittes einweiht. Zwischen 1920 und 1928 illustriert er mehr als 40 Werke, darunter Baudelaire, Courteline, Gautier und Louÿs, die ihm einen gewissen Ruhm einbringen, den er allerdings nicht lange genießen kann, denn im Alter von nur 44 Jahren stirbt er an einer Hirnhautentzündung.

ERNESTO MICHEHELLES THAYATH

* 1893 Florence + Marina di Pietra-santa 1959

Italienischer Bildhauer, Dekorateur und Goldschmied

Thayat studiert bei L. Andreotti. Futurist und Symbolist.

JOHN KELLOGG WOODRUFF

* 1879 Bridgeport (USA) + ?

Amerikanischer Bildhauer und Maler

Mitglied der *Société des artistes indépendants.*

JOSÉ ZIENOVIEW

Illustrator

Zienoview arbeitet für die *Gazette du bon ton* (1920, 21, 22, 24 und 1935), *Fémina* und entwirft Theaterkostüme.

---

découvre l'art de la gravure sur bois. Entre 1920 et 1928, il illustre plus de quarante ouvrages (Baudelaire, Courteline, Th. Gautier, P. Louÿs) qui lui valent un renom dont il ne profite guère. Il est emporté à 44 ans par une méningite foudroyante.

ERNESTO MICHEHELLES THAYAHT

Florence, 1893 – Marina di Pietra-santa 1959

Peintre, sculpteur, décorateur et orfèvre, italien.

Elève de L. Andreotti. Il travaille selon la manière futuriste et exécute des œuvres symbolistes.

JOHN KELLOGG WOODRUFF

Bridgeport, USA, 1879 – ?

Peintre, sculpteur, américain.

Membre de la *Société des artistes indépendants.*

JOSÉ ZINOVIEW

Illustrateur.

Il collabore à *La Gazette du Bon Ton* (1920, 1921, 1922, 1924 et 1935), à *Fémina* et réalise des costumes de scène.

INDEX OF ILLUSTRATORS   ILLUSTRATORENVERZEICHNIS
INDEX DES ILLUSTRATEURS

BIBLIOGRAPHY   BIBLIOGRAPHIE
BIBLIOGRAPHIE

Georges Barbier, *J.-L. Vaudoyer,*
LES ARTISTES DU LIVRE, HENRI BABOU, Paris 1929.

Les livres de Georges Barbier, *Robert Burnand,*
ART ET INDUSTRIE 1927.

Robert Bonfils,
Léon Deshairs,
ART & DÉCORATION 1929.

Les Ballets Russes interprétés par Valentine Gross,
Raymond Boyer,
ART & DÉCORATION 1913.

En habillant l'époque, *Paul Poiret,*
GRASSET, Paris 1930.

Paul Iribe, *R. Bachollet, D. Bordet, A.-C. Lelieur,*
ÉDITIONS DENOËL, Paris 1982.

Georges Lepape ou l'élégance illustrée,
Claude Lepape, Thierry Defert,
ÉDITIONS HERSCHER, Paris 1983.

Charles Martin, *Georges Barbier,*
LA RENAISSANCE DE L'ART FRANÇAIS. Paris 1927.

Gazette des Modes, *Robert Burnand,*
ART & INDUSTRIE 1925-1926.

Quand l'affiche faisait de la réclame ! *Musée national des Arts et Traditions populaires, catalogue de l'exposition nov. 1991 - fév. 1992,*
ÉDITIONS DE LA RÉUNION DES MUSÉES NATIONAUX, Paris 1991.

Le Paris des Temps Modernes, Les Années 1910-1930,
TOKYO METROPOLITAN TEIEN ART MUSEUM, catalogue de l'exposition, 1992.

Le Bon Ton,
GALERIE BARTSH & CHARIAU, Munich, catalogue de l'exposition, 1991.

Histoire de la Mode au XXᵉ siècle,
Yvonne Deslandres, Florence Müller,
ÉDITIONS SOMOGY, Paris 1986.

Costumes Parisiens - Journal des Dames et des Modes,
CHÊNE-F.M. RICCI 1979.

Illustrateurs des Modes et Manières en 1925,
GALERIE DU LUXEMBOURG, Paris, catalogue de l'exposition, 1972.

Pages d'or de l'édition publicitaire, BIBLIOTHÈQUE FORNEY,
MAIRIE DE PARIS, catalogue de l'exposition, 1988.